V&R

Dienst am Wort

Die Reihe für Gottesdienst und Gemeindearbeit

122

Vandenhoeck & Ruprecht

Meditative Abendgottesdienste

Stephan Goldschmidt

Vandenhoeck & Ruprecht

Bibliografische Information der Deutschen Nationalbibliothek

Die Deutsche Nationalbibliothek verzeichnet diese Publikation in der
Deutschen Nationalbibliografie; detaillierte bibliografische Daten sind
im Internet über http://dnb.d-nb.de abrufbar.

ISBN 978-3-525-59531-2

Umschlagabbildung:
Lichtkreuz II, aus: Josef Roßmaier, Aus der realen Welt

© 2009 Vandenhoeck & Ruprecht GmbH & Co. KG, Göttingen.
Internet: www.v-r.de
Alle Rechte vorbehalten. Das Werk und seine Teile sind urheberrechtlich geschützt.
Jede Verwertung in anderen als den gesetzlich zugelassenen Fällen bedarf der
vorherigen schriftlichen Einwilligung des Verlages.
Hinweis zu § 52a UrhG: Weder das Werk noch seine Teile dürfen ohne vorherige
schriftliche Einwilligung des Verlages öffentlich zugänglich gemacht werden.
Dies gilt auch bei einer entsprechenden Nutzung für Lehr- und Unterrichtszwecke.
Printed in Germany.
Satz: weckner media+print GmbH, Göttingen
Druck und Bindung: ⊕ Hubert & Co, Göttingen

Gedruckt auf alterungsbeständigem Papier.

Inhalt

Vorwort 7

1. Die Botschaft der Engel –
   Abendgottesdienst in der Adventszeit 9

2. Das Netz auswerfen – Meditativer Gottesdienst
   am Beginn des Neuen Jahres 20

3. Maskerade –
   Abendgottesdienst in der Karnevalszeit 33

4. Palmen auf dem Weg –
   Abendgottesdienst am Palmsonntag 47

5. Dem Kreuz nachspüren –
   Abendgottesdienst in der Karwoche 54

6. Der Engel, das unbegreifliche Wesen –
   Abendgottesdienst zu Michaelis 66

7. In der Erde verwurzelt –
   Abendgottesdienst mit dem Symbol der Erde 78

8. Wieder heil werden – Meditativer
   Abendgottesdienst mit wohltuenden Ritualen 92

9. Stille finden – Meditativer Abendgottesdienst
   für die gestresste Seele 106

10. Dem Himmel entgegen – Abendgottesdienst
    mit dem Symbol des Adlers 114

11. Von allen Seiten umgibst du mich –
    Abendgottesdienst mit Gedanken zu Psalm 139.... 122

12. Ich singe dir mit Herz und Mund –
    Meditativer Abendgottesdienst für Sängerinnen
    und Sänger.. 133

13. Ich träume von einer Kirche –
    Meditativer Abendgottesdienst für Visionäre....... 143

14. Auf der Suche nach dem Glück –
    Meditativer Abendgottesdienst 156

15. Sei Quelle und Brot in Wüstennot –
    Meditativer Abendgottesdienst mit Abendmahl.... 167

16. Segenskräfte –
    Meditativer Segnungsgottesdienst.................. 178

Anhang... 187

Literatur... 189

Vorwort

Die in diesem Buch zusammengefassten Gottesdienstentwürfe sind allesamt in der Praxis erprobt und wurden bis auf eine Ausnahme als meditative Abendgottesdienste in der zur Gemeinde der Friedenskirche gehörenden Apostelkapelle in Kassel gefeiert. Seit mehr als vier Jahren gibt es in meiner Gemeinde einmal im Monat diese Abendgottesdienste.

Schon bei der Planung zeigte sich, dass es nur eines kleinen Anstoßes bedurfte, um eine beachtliche Zahl an Mitarbeiterinnen und Mitarbeitern zu gewinnen. Sie erklärten sich von Anfang an dazu bereit, regelmäßig die Abendgottesdienste vorzubereiten und verantwortlich mitzufeiern, hin und wieder auch ohne mich als Pfarrer. Offensichtlich sind vor allem jüngere und im Berufsleben stehende Gemeindeglieder zunehmend bereit, sich zu engagieren, wenn ihnen zugleich Verantwortung und Gestaltungsmöglichkeiten übertragen werden.

Inzwischen tragen jeweils zwei bis vier ehrenamtlich tätige Mitarbeiterinnen und Mitarbeiter aus einem Pool von etwa 12 Männern und Frauen die Abendgottesdienste verantwortlich mit. Hervorzuheben ist, dass diese Mitarbeiterinnen und Mitarbeiter aus ganz verschiedenen Gemeindebereichen stammen. Es hat sich eine regelmäßige Zusammenarbeit mit dem Chor, der Jugendarbeit, dem Friedens- und Ökumenekreis und anderen Gemeindegruppen ergeben. Was als alternatives Projekt begann, hat sich längst zu einem Schwerpunkt der Gemeindearbeit entwickelt und beweist integrative Kraft, indem es die Menschen aus allen Bereichen der Gemeinde zusammenführt.

Das vorliegende Buch möchte den für die Gottesdienstgestaltung in einer Gemeinde oder Einrichtung Verantwortlichen Mut machen, neben dem klassischen Gottesdienst am Sonntagmorgen regelmäßig einen Abendgottesdienst zu feiern und diesen im Team zu gestalten. Solche Abendgottesdienste eröffnen gestalterische Möglichkeiten, die über den normalen agendarischen Gottesdienst hinausgehen, wie sich in den vorgelegten Gottesdienstentwürfen zeigt. Sie verstehen sich in erster Linie als Anregung für die Vorbereitung, können aber auch ganz oder teilweise an andere Orte übertragen werden.

Herzlich danken möchte ich an dieser Stelle vor allem den Mitarbeiterinnen und Mitarbeitern, die bei der Vorbereitung der vorliegenden Gottesdienste Anregungen und kreative Ideen eingebracht haben und die damit einen Beitrag zur Vielfalt der vorliegenden Gottesdienstentwürfe geleistet haben.

Mein Dank gilt auch denen, die das Manuskript mit kritischen Augen gelesen haben. Namentlich genannt seien Antje Engel-Elsas, Gottfried Elsas, Heike Zimmermann und Pfarrer Dr. Andreas Leipold sowie Pfarrerin Christiane Berthold-Scholz, Leiterin der von der Stiftung zur Förderung des Gottesdienstes initiierten Arbeitsstelle Gottesdienst in Hofgeismar.

Kassel, im Februar 2009
Stephan Goldschmidt

1 Die Botschaft der Engel – Abendgottesdienst in der Adventszeit

Am Eingang werden die Kärtchen für den Wortteppich verteilt (siehe Anhang 1)

MUSIK

BEGRÜSSUNG UND HINFÜHRUNG[1]
Deck mich mit deinen Flügeln zu
Und lass mich eine Weile ruhn
Der Weg war weit
Der Weg war weit.

Als die Götter dich gesandt
Hab' ich dich nicht einmal erkannt
Du bist zu wahr
Um wahr zu sein.

Engel, lass die Zeit stillstehn
Lehr mich zu verstehn
Lehr mich dankbar sein
Engel, lass uns ein Wunder tun
Die Welt soll wissen, warum
Sich zu lieben lohnt
Engel, das war schön.

---

1 Marius Müller-Westernhagen, Engel, lass die Zeit stillstehn, in: Das große Buch der Engel, 48f.

Meine Seele war vereist
Und mein Herz war längst vergreist
Alles, was ich dachte
War warum.

Du hast mich in Licht getaucht
Hast mir gezeigt, dass,
wenn ich glaub'
meine Sehnsucht
Sterne schmelzen kann.

Engel, lass die Zeit stillstehn
Lehr mich zu verstehn
Lehr mich dankbar sein
Engel, lass uns ein Wunder tun
Die Welt soll wissen, warum
Sich zu lieben lohnt
Engel, das war schön.

Deck mich mit deinen
Flügeln zu
Und lass mich einen Weile ruhn
Der Weg war weit
Der Weg war weit.

LIED
    Von guten Mächten (EG 65,1.5–7)

PSALM 91
1. Sprecher(in):
Unter Gottes Schirm bin ich geborgen
und unter dem Schutz des Allmächtigen bin ich wohl behütet.
Er rettet mich, wenn der Jäger mich gefangen nimmt
und heilt mich von todbringender Krankheit.

2. Sprecher(in):
Wie ein Vogel seine Jungen mit den Fittichen zudeckt,
so kann ich in meiner Not zu Gott fliehen
und finde Zuflucht unter seinen Flügeln.

Er ist mir wie ein Schild,
der mich vor den Gefahren des Tages behütet
und der mich schützt vor den Tücken der Nacht.

1. Sprecher(in):
Unter Gottes Schirm bin ich geborgen
und unter dem Schutz des Allmächtigen bin ich wohl behütet.
Er hat seinen Engeln befohlen,
dass sie mich behüten
auf allen meinen Wegen.

2. Sprecher(in):
Sie werden mich auf ihren Schwingen tragen,
damit mein Fuß nicht an Steine stößt.
Deshalb werden mir die wilden Tiere nicht gefährlich
und die Schlange werde ich niedertreten.

1. Sprecher(in):
Unter Gottes Schirm bin ich geborgen
und unter dem Schutz des Allmächtigen bin ich wohl behütet.
Darum will ich Gott preisen, mit allen, die auf ihn vertrauen:

LIEDRUF
Ich lobe meinen Gott von ganzem Herzen (EG 272)

KYRIE
An Engel glauben, für das Unerwartete offen bleiben,
das wünsche ich mir.
Ich möchte mich nicht abfinden mit der Welt, wie sie ist,
möchte die andere, die himmlische Welt spüren.
Einen Engel an meiner Seite wissen, das wünsche ich mir.
Darum will ich meine Ohren nicht verschließen vor
seiner leisen Stimme.
Damit mir das gelingt, bitte ich Gott um Erbarmen
und singe mit allen, die auf ihn hoffen:

LIEDRUF
Kyrie, Kyrie eleison (EG 178.12)

GLORIA
> Engel lassen sich nicht greifen, nicht begreifen.
> Sie treten unerwartet in mein Leben, stehen mir zur Seite,
> wenn ich es am wenigsten glaube.
> In ihnen kommt mir Gott nahe,
> näher als ich mir selbst sein kann.
> Darum lobe ich Gott und singe mit allen, die an ihn glauben:

LIEDRUF
> Laudate omnes gentes (EG 181.6)

GEBET
> Guter Gott,
> wir bitten dich um deine Nähe,
> um einen Engel, der uns begleitet.
> Wir bitten dich darum,
> gerade weil wir die Engel gern übersehen
> und ihre Gegenwart oft nicht spüren.
> Wir bitten dich um dein Kommen
> zu einem jeden von uns,
> gerade weil wir dir oft nicht vertrauen.
> Sei uns nahe in deinen guten himmlischen Mächten,
> damit wir durch sie deine Stimme hören und an dich glauben,
> der du sie zu uns gesandt hast.
> Wir danken dir, dass du uns durch die Engel leitest
> und unsere Schritte bewahrst vor dem Fallen.

AKTION: Wortteppich
> *Die Teilnehmerinnen und Teilnehmer werden dazu aufgefordert, die am Eingang verteilten Verse oder Worte aus Lukas 1, 26–38 (siehe Anhang 1) abwechselnd und ohne festgelegte Reihenfolge (auch mehrmals) laut zu lesen. Es kann sich als hilfreich erweisen, wenn einige der Mitarbeiter(innen) sich an dieser Aktion aktiv beteiligen.*

LIED
: Manchmal drehen sich gewohnte Dinge einfach um[2]

LESUNG (Lukas 1,26–38)
: Und im sechsten Monat wurde der Engel Gabriel von Gott gesandt in eine Stadt in Galiläa, die heißt Nazareth, zu einer Jungfrau, die vertraut war einem Mann mit Namen Josef vom Hause David; und die Jungfrau hieß Maria.

  Und der Engel kam zu ihr hinein und sprach: Sei gegrüßt, du Begnadete! Der Herr ist mit dir!

  Sie aber erschrak über die Rede und dachte: Welch ein Gruß ist das?

  Und der Engel sprach zu ihr: Fürchte dich nicht, Maria, du hast Gnade bei Gott gefunden. Siehe, du wirst schwanger werden und einen Sohn gebären, und du sollst ihm den Namen Jesus geben.

  Der wird groß sein und Sohn des Höchsten genannt werden; und Gott der Herr wird ihm den Thron seines Vaters David geben, und er wird König sein über das Haus Jakob in Ewigkeit, und sein Reich wird kein Ende haben.

  Da sprach Maria zu dem Engel: Wie soll das zugehen, da ich doch von keinem Manne weiß?

  Der Engel antwortete und sprach zu ihr: Der heilige Geist wird über dich kommen, und die Kraft des Höchsten wird dich überschatten; darum wird auch das Heilige, das geboren wird, Gottes Sohn genannt werden.

  Und siehe, Elisabeth, deine Verwandte, ist auch schwanger mit einem Sohn, in ihrem Alter, und ist jetzt im sechsten Monat, von der man sagt, dass sie unfruchtbar sei. Denn bei Gott ist kein Ding unmöglich.

  Maria aber sprach: Siehe, ich bin des Herrn Magd; mir geschehe, wie du gesagt hast. Und der Engel schied von ihr.

---

2 Menschenskinderlieder 2, 72.

LIED
> Magnificat (EG 600³)

ANSPRACHE
> In der Bibel wird von ganz unterschiedlichen Engeln erzählt. Engel, die uns begleiten, die uns beschützen. Engel, die uns in den Weg treten und uns von einem falschen Schritt abhalten. Und dann gibt es die himmlischen Boten, die im Namen Gottes zu uns Menschen sprechen.
>
> Der Engel Gabriel ist ein solcher Bote. Er ist in die Stadt Nazareth gesandt im galiläischen Land. Im Advent denken wir an diesen Engel, der Maria die Geburt ihres Sohnes Jesus angekündigt haben soll.
>
> Wenn wir uns auf die Erzählung von der Geburt Jesu einlassen, dann können wir begreifen, was es bedeutet, an Engel zu glauben:
>
> Wer mit Engeln rechnet, bleibt für das Unerwartete offen.
>
> Wer mit Engeln rechnet, hält die messbare Welt nicht für die einzige Wirklichkeit.
>
> Wer mit Engeln rechnet, verschließt seine Ohren nicht vor unerwarteten Botschaften.
>
> Wer mit Engeln rechnet, hört auf die Stimme seines Herzens.
>
> Maria ist eine solche Frau, die mit Engeln rechnet. Ihre Ohren sind nicht taub vom Lärm der Straßen und

---

3 EG 579 im Regionalteil der Ev.-Lutherischen Kirchen in Niedersachsen und der Bremischen Ev. Kirche. EG 588 im Regionalteil der Ev. Kirche im Rheinland, der Ev. Kirche von Westfalen und der Lippischen Landeskirche sowie der Ev.-reformierten Kirchen in Bayern und Nordwestdeutschland und der Ev.-altreformierten Kirche in Niedersachsen. EG 605 im Regionalteil der Ev.-Lutherischen Kirchen in Bayern und Thüringen. EG 573 im Regionalteil der Ev. Landeskirche in Württemberg. EG 622 im Regionalteil der Ev. Landeskirche in Baden und der Ev. Kirche der Pfalz. EG 606 im Regionalteil der Ev. Kirche in Österreich.

Städte. Sie kann die Stimme des Engels hören. Ihr Herz ist weit und so nimmt sie die Erscheinung des Engels wahr. Und doch hätte sie bis zu diesem Moment nie damit gerechnet, einem Engel wirklich zu begegnen – so wie auch wir nicht damit rechnen, einen Engel leibhaftig vor uns stehen zu sehen.

Maria erschrickt deshalb, als sie den Engel sieht. Sie bekommt große Angst vor diesem Wesen aus der himmlischen Welt. Und auch die Botschaft des Engels ist zunächst erschreckend: „Du wirst schwanger werden und einen Sohn gebären." Das ist eine Nachricht, die jedes junge Mädchen und jede unverheiratete Frau zusammenzucken lässt, eine Ankündigung, die das Leben von einem Moment auf den anderen verändert: „Du wirst schwanger werden und einen Sohn gebären."

„Wie soll das zugehen?", fragt Maria. „Wie soll ich schwanger werden, obwohl ich noch gar keine Erfahrung mit Männern habe?" Maria kann es nicht glauben, was der Engel ihr sagt, zumindest noch nicht. Aber dann lässt sie sich doch auf die Botschaft des Engels ein, ist bereit für die Aufgabe, die vor ihr liegt.

An Engel glauben bedeutet, offen zu sein und offen zu bleiben für das völlig Unerwartete. Mit Engeln rechnen, bedeutet, sich wie Maria auf solche Veränderungen einzulassen und sich am Ende sogar darüber zu freuen. An Engel glauben bedeutet, nicht bei dem stehen bleiben, was ist und immer so war, sondern sich zu öffnen für die Botschaft aus der anderen, der himmlischen Welt.

„Du wirst schwanger werden und einen Sohn gebären." Schon das ist eine unglaubliche Botschaft. Aber der Engel bleibt nicht bei dieser Ankündigung stehen. „Dein Sohn wird Sohn des Höchsten genannt werden; er wird König sein auf dem Throne Davids und sein Reich wird kein Ende haben." Die Botschaft des Engels betrifft nicht nur Maria und wird nicht nur ihr Leben unerwartet verändern. Die Worte des Engels haben

Auswirkung für das Volk Israel und für die ganze Welt. Der angekündigte Sohn, dem Maria den Namen Jesus geben soll, wird ein König sein, der von den Propheten verheißene Messias. Sein Reich wird kein Ende haben.

An Engel glauben bedeutet, auf das Kommen Gottes in unsere Welt zu hoffen, wie es der Engel ankündigt. In der Begegnung mit dem Engel kommt es zu einer ähnlichen Annäherung zwischen der himmlischen und der irdischen Welt. Die Erscheinung des Engels ist so etwas wie der Einbruch der göttlichen Welt in das Leben der Maria. Sie erschrickt deshalb zunächst. Aber dann wird Maria mit Freude erfüllt.

Wie unerwartet und erschreckend die Botschaft der Engel auch ist, sie will zur Freude führen, uns anstecken. Sie will uns zu Menschen machen, die freudig mitwirken am Wachsen des Reiches Gottes, das ja schon hier, mitten unter uns gegenwärtig ist.

Die Botschaft der Engel gilt ja nicht nur uns, sondern immer auch der ganzen Welt. Wie bei Maria führen die Worte des Engels Gabriel über das Persönliche und Private hinaus. Die Veränderung, die in ihrem Leben Fuß fassen wird, hat Auswirkungen für viele andere. Ihr Sohn, dem sie den Namen Jesus geben soll, wird das Gesicht der Welt verändern.

Es ist nicht leicht, sich auf solche Veränderungen einzulassen und die Botschaft des Engels anzunehmen. Auch Maria braucht Zeit, bis sie sich auf die unerwarteten Dinge einlassen kann, die ihr der göttliche Bote verheißt. Aber am Ende kann Maria sagen: „Siehe, ich bin des Herrn Magd; mir geschehe, wie du gesagt hast." Sie lässt sich auf die Botschaft des Engels ein, trotz aller Zweifel, die bleiben.

Die Botschaft eines Engels ist nie ganz eindeutig. Engel sind ja flüchtige Wesen, nicht mit Händen greifbar. Oft erkennen wir sie erst, lange nachdem sie uns längst verlassen haben. Ob wir einem Engel begegnen, ist immer auch eine Frage des Glaubens und der Deutung. Wo

uns die Worte eines anderen innerlich verändern und
befreien oder etwas Unerwartetes zum Vorschein bringen,
da dürfen wir getrost daran glauben, dass uns ein Engel
erscheint. Und doch wird immer die Frage bleiben, ob
es wirklich ein Engel ist, dem wir gerade begegnen.

LIED
    Hände wie deine, wie du sein Gesicht[4]

FÜRBITTEN
    1. Sprecher(in):
Du bist uns nahe in deinen Engeln, treuer Gott.
Du sendest sie uns, damit sie uns begleiten auf unseren
Wegen
und unsere Füße bewahren vor dem Fallen.
Wir danken dir für diese guten Mächte,
die uns auf wundersame Weise umgeben.

Wir rufen und singen: Herr, erbarme dich!
Die Gemeinde singt: Herr, erbarme dich (EG 178.10).

2. Sprecher(in):
Wir bitten dich für die Menschen,
die einsam und allein gelassen sind.
Sende ihnen einen Engel, der sie begleitet,
der ihnen die frohe Botschaft verkündet,
dass du ihnen nahe bist.

Wir rufen und singen: Herr, erbarme dich!
Die Gemeinde singt: Herr, erbarme dich (EG 178.10).

3. Sprecher(in):
Wir bitten dich für die Menschen, die nicht weiter wissen,
die hin- und hergerissen sind und sich fragen,
welche Entscheidung gut und welcher Weg richtig ist.

---

4 Das Liederbuch, 6.

Sende ihnen einen Engel,
der ihre Schritte leitet oder sich ihnen in den Weg stellt.

Wir rufen und singen: Herr, erbarme dich!
Die Gemeinde singt: Herr, erbarme dich (EG 178.10).

1. Sprecher(in):
Wir bitten dich für die Menschen,
die sich nicht zugehörig fühlen,
die ihre Arbeit verloren haben
oder ihre Heimat verlassen mussten.
Sende ihnen einen Engel, der sie wieder hoffen lässt,
der ihnen ist wie ein Licht in dunkler Nacht
und ihnen wieder Mut für die Zukunft schenkt.

Wir rufen und singen: Herr, erbarme dich!
Die Gemeinde singt: Herr, erbarme dich (EG 178.10).

2. Sprecher(in):
Wir bitten dich für die Menschen,
die um einen Angehörigen trauern,
der ihnen genommen ist.
Sende ihnen einen Engel, der sie tröstet,
der sie wieder aufrichtet und stärkt
und bei ihnen ist auf ihren Wegen.

Wir rufen und singen: Herr, erbarme dich!
Die Gemeinde singt: Herr, erbarme dich (EG 178.10).

STILLE

VATER UNSER

LIED
Nun ruhen alle Wälder (EG 477,1.8–9)

SEGEN
 Sei uns nahe, guter Gott,
 in den Engeln, die du uns sendest.
 Sende einen Engel, der uns wieder hoffen lässt,
 wenn wir deine Gegenwart nicht wahrnehmen
 auf unseren Wegen.

 Sende einen Engel, der uns tröstet,
 wenn wir uns in Trauer vergraben.
 Sende einen Engel, der uns befreit,
 wenn wir uns verstrickt haben in unseren Ängsten.
 So segne uns, guter Gott,
 der du uns umgibst mit deinen guten Mächten.

MUSIK

2 | *Das Netz auswerfen –*
Meditativer Gottesdienst am Beginn des Neuen Jahres

Am Eingang werden 50–60 cm lange unterschiedlich farbige Kordeln verteilt.

MUSIK

BEGRÜSSUNG
    Wir stehen am Beginn eines neuen Jahres.
    365 Tage, um noch einmal anzufangen,
    Neues zu wagen, das Netz noch einmal auszuwerfen.
    365 Gelegenheiten, anders weiterzumachen,
    Versäumtes nicht mehr zu versäumen.
    365 Möglichkeiten, vergessene Träume zu leben,
    sich nicht mit dem Gegebenen abzufinden.
    Mit diesen Gedanken lassen Sie uns mutig aufbrechen
    und mit Gelassenheit unsere Schritte in das neue Jahr setzen.

LIED
    In Gottes Namen wolln wir finden, was verloren ist (EG 631[5])

MEDITATION ZU PSALM 31
    Ich traue auf dich, Gott,
    lass mich nicht erniedrigt werden vor den Menschen.
    Errette mich und hilf mir heraus.

---

[5] Nur im Regionalteil der Ev. Kirchen in Hessen-Nassau und Kurhessen-Waldeck vorhanden.

Ziehe meinen Fuß aus dem Netz,
das mir heimlich gestellt wurde.

Neige dein Ohr zu mir
und höre auf mein Gebet.
Du bist mir wie ein Fels,
auf dem ich sicher stehe,
wie eine Burg, in der ich geborgen bin.
Ziehe meinen Fuß aus dem Netz,
in dem ich mich verfangen habe.

In deine Hände befehle ich meinen Geist;
du hast mich erlöst, du treuer Gott.
Darum freue ich mich und bin fröhlich.
Du lässt mich nicht in die Hände der Feinde geraten
oder meinen Fuß sich in dem Netz verfangen,
das sie mir heimlich stellten.

Du führst mich aus der Enge
und stellst meine Füße auf weiten Raum.
Du bewahrst mich davor,
mich in Netzen zu verfangen.
Darum lobe ich dich mit allen, die an dich glauben:
Laudate omnes gentes, lobsingt ihr Völker alle

LIEDRUF
Laudate omnes gentes (EG 181.6)

KYRIE
Auf dein Wort hin, Gott,
will ich im neuen Jahr das Netz noch einmal auswerfen.
Wo mir meine Aufgabe zu groß
und meine Arbeit zu schwer ist,
da rufe ich zu dir und bitte dich um Hilfe.
Wo ich mich verirrt habe und auf Irrwege geraten bin,
da bitte ich dich um Erbarmen:

LIEDRUF
Kyrie, Kyrie eleison (EG 178.12)

GLORIA
Du traust mir den neuen Weg zu, Gott,
und hilfst mir, neu zu beginnen.
Du gibst mir das Netz in die Hand,
dass ich es auswerfe und weit mache.
Dein Wort macht mir Hoffnung,
das Unmögliche zu wagen.
Darum lobe ich dich und singe:

LIEDRUF
Halleluja, Halleluja (EG 181.5)

GEBET
Herr, unser Gott,
wir sind am Beginn des neuen Jahres
in dein Haus gekommen,
um auf dein Wort zu hören.
Rede du nun zu uns in dieser Stunde,
mach uns Mut für die Aufgaben,
die vor uns liegen.
Öffne unsere Herzen und Sinne,
dass wir deine Stimme hören
mitten im Lärm des Alltags.
Und schenke uns Hoffnung,
auf dein Wort hin,
immer wieder Neues zu wagen.

SCHRIFTLESUNG (Lukas 5,1–11)
Es begab sich aber, als sich die Menge zu Jesus drängte, um das Wort Gottes zu hören, da stand er am See Genezareth und sah zwei Boote am Ufer liegen; die Fischer aber waren ausgestiegen und wuschen ihre Netze. Da stieg er in eines der Boote, das Simon gehörte, und bat ihn, ein wenig vom Land wegzufahren. Und er setzte sich und lehrte die Menge vom Boot aus. Und als er aufgehört hatte zu reden, sprach er zu Simon: Fahre hinaus, wo es tief ist, und werft eure Netze zum Fang aus! Und Simon antwortete und sprach: Meister, wir haben

die ganze Nacht gearbeitet und nichts gefangen; aber auf dein Wort hin will ich die Netze auswerfen. Und als sie das taten, fingen sie eine große Menge Fische, und ihre Netze begannen zu reißen. Und sie winkten ihren Gefährten, die im anderen Boot waren, sie sollten kommen und mit ihnen ziehen. Und sie kamen und füllten beide Boote voll, so dass sie fast sanken.

Als das Simon Petrus sah, fiel er Jesus zu Füßen und sprach: Herr, geh weg von mir! Ich bin ein sündiger Mensch. Denn ein Schrecken hatte ihn erfasst und alle, die bei ihm waren, über diesen Fang, den sie miteinander getan hatten, ebenso auch Jakobus und Johannes, die Söhne des Zebedäus, Simons Gefährten. Und Jesus sprach zu Simon: Fürchte dich nicht! Von nun an wirst du Menschen fangen. Und sie brachten die Boote ans Land und verließen alles und folgten ihm nach.

STILLE

LIED
Jesus, der zu den Fischern lief (EG 313)

ANSPRACHE
Wir stehen heute am Beginn eines neuen Jahres. Und wieder umfängt uns dieser Zauber des Anfangs, des Neubeginns. Es scheint uns fast, als läge ein neuer Lebensabschnitt vor uns. „Fahre hinaus, wo es tief ist, und werft eure Netze zum Fang aus!" Das sagt Jesus zu Simon, dem Fischer vom See Genezareth. Heute am Neujahrsmorgen, können wir diese Worte für uns als Aufforderung hören, im neuen Jahr unsere Netze auszuwerfen. Das mag für jeden von uns anderes bedeuten. Für den einen heißt es, endlich etwas Neues zu wagen. Für den anderen mögen diese Worte bedeuten, einem Traum, einer inneren Berufung zu folgen und zwar gegen alle Widerstände, die sich regen mögen. Die Erzählung vom Fischzug des Simon will uns am Beginn des neuen Jahres dazu Mut machen.

Eines Tages kommt Jesus zu Simon und seinen Freunden an den See Genezareth. Sie sind gerade dabei, ihre Netze zu waschen und auszubessern. Ein Netz muss ja stets gepflegt werden. Sonst wird es mit der Zeit brüchig, kann die schwere Last nicht tragen und reißt womöglich im entscheidenden Augenblick.

Das Waschen und Flicken der Netze gehört für einen Fischer zur täglichen Arbeit hinzu. Simon geht sie leicht von der Hand. Und so kann er nebenher auf Jesus achten, der zu den Leuten spricht. Er hört die Worte, mit denen Jesus das Reich Gottes verkündet, das nahe herbeigekommen ist. Bald schon legt Simon seine Netze aus der Hand und tritt in die Nähe dieses Mannes, dessen Worte die Kraft haben, ihn zu bewegen. Und auf einmal spricht Jesus ihn direkt an: „Simon, fahre mit deinen Freunden hinaus, dorthin, wo es am tiefsten ist. Und werft das Netz aus!"

Simon blickt auf. Er sieht Jesus vor sich. Schon seine Kleidung verrät, dass Jesus noch nie in seinem Leben gefischt haben wird. Und auch seine Worte deuten darauf hin: „Werft das Netz aus!" War das ernst gemeint – jetzt, mitten am Tage? Wenn die Fische längst nicht mehr dicht unter der Wasseroberfläche schwimmen? Was mag dieser Mann, dieser Jesus denken? Warum fahren denn die Fischer seit Jahrhunderten schon vor Sonnenaufgang auf den See hinaus? Nur in diesen frühen Morgenstunden lassen sich Fische fangen.

„Werft das Netz aus!" Simon gehen diese Worte nach, er muss sich ihnen stellen. „Meister", antwortet er, „wir haben die ganze Nacht das Netz ausgeworfen und keinen einzigen Fisch gefangen." Simons ganze Enttäuschung über die erfolglose Plackerei der Nacht ist in diesen wenigen Worten zu hören. „Nichts haben wir gefangen, obwohl wir doch unser Handwerk verstehen. Warum sollen wir nun am helllichten Tag noch einmal hinausfahren und unsere Netze auswerfen?"

Auch uns fallen sofort Argumente ein, unser Netz nicht wieder auszuwerfen: Es ist die falsche (Lebens-)

Zeit, die Aussichten auf Erfolg sind nach menschlichem Ermessen gering, die Kraft ist erschöpft. Es mag vielen unter uns ähnlich gehen wie Simon. Wir sind in der Gefahr, den Aufruf Jesu zu überhören. Oder wir trauen es uns nicht zu. Hinauszufahren und das Netz auszuwerfen braucht ja Mut und Kraft, gerade dann, wenn es nicht zur üblichen Zeit geschieht. Wir brauchen andere Menschen, die uns helfen, damit wir am Ende das Netz einholen können.

„Wir haben die ganze Nacht nichts gefangen", sagt Simon. „Aber auf dein Wort will ich die Netze auswerfen" – wir können ahnen, welchen inneren Kampf Simon gekämpft haben mag, bis er so weit ist, sich auf Jesu Wort einzulassen und noch einmal hinauszufahren auf den See, noch einmal das Netz auszuwerfen, noch einmal die Hoffnung aufkeimen zu lassen, noch einmal die Angst vor der Enttäuschung zu unterdrücken.

Und so fährt Simon hinaus mit seinen Freunden. Er wagt das Unvernünftige, er wirft sein Netz aus – mitten am Tage. Er tut es auf das Wort Jesu hin. Und er spürt einen kleinen Funken an Hoffnung, dass sein Tun nicht umsonst sein wird. Auf Jesu Wort hin breitet Simon sein Netz aus, zieht es mit seinem Boot durch das Wasser. Und auf einmal ist das Netz voller Leben. Simon macht mitten am Tage einen Fang, wie er sonst noch keinen gehabt hatte. Unter der Last der vielen Fische beginnt das Netz fast zu reißen. Es ist nicht leicht, den Fang ans Ufer zu retten. Es gelingt schließlich mit Hilfe der herbeigerufenen Freunde.

Simon ahnt mit einem Mal, dass sich sein Leben ändern wird. In der Nähe dieses Mannes kann er nicht mehr sein altes Leben führen, kann nicht weitermachen wie bisher. Er fällt Jesus zu Füßen: „Geh weg von mir, Herr, denn ich bin ein sündiger Mensch!" Simon erträgt seine Nähe nicht, er bittet Jesus zu gehen. Und zugleich sehnt er sich nach seiner Nähe. Er weiß, dass er keinem gewöhnlichen Mann begegnet ist, sondern einem Mann, in dem Gott gegenwärtig ist. „Fürchte dich nicht, Simon", sagt Jesus. „Du wirst in Zukunft andere Netze auswerfen, Netze, mit denen du die Menschen auffängst, wenn sie in die Tiefe zu fallen drohen, wenn sie den Halt verloren haben."

Simon weiß, dass er Mut braucht, sich auf Jesus einzulassen. Ihm nachzufolgen ist ein weit größeres Wagnis, als die Netze mitten am Tage auszuwerfen. Und er hat Angst vor dem Neuen, dem Unbekannten. Am Ende aber kann er sich dem Ruf nicht entziehen, dem Ruf Jesu, der ihn bittet, sein Netz von nun an an einem anderen Ort auszuwerfen, nicht mehr um Fische zu fangen, sondern um andere Frucht zu bringen.

Simon soll zu einem Menschenfischer werden, zu einem Mann, der die Menschen zu Jesus Christus führt. Menschenfischer wurden damals die Männer genannt, die den Sklavenverkäufern die Sklaven abkauften. Simon sollte also das Netz auswerfen, um Menschen herauszufischen aus der Unfreiheit, der Unterdrückung, der inneren und äußeren Gefangenschaft.

„Werft das Netz aus!" Diese Worte Jesu gelten zu Beginn des neuen Jahres auch uns. Sie wollen auch uns Mut machen, im übertragenen Sinn unser Netz auszuwerfen. Wie Simon dürfen wir uns auf das Neue einlassen auch in dem Jahr, das heute vor uns liegt.

Um unser Netz auswerfen zu können, müssen wir uns aber zuerst ein Netz knüpfen, uns mit anderen Menschen zusammentun, mit denen wir ein Netz bilden. Wir sind aufgerufen, im neuen Jahr die Netze zu pflegen, in die wir eingebunden sind, in der Familie, im Beruf, im Freundeskreis, aber auch darüber hinaus in unserer Gemeinde, im Stadtteil, im Gemeinwesen. So können wir mitwirken an dem Netz, das wir auf Jesu Wort hin auswerfen dürfen. So bauen wir mit an einem sozialen Netz.

Jesu Worte „werft das Netz aus!" sind ein Widerspruch gegen die zunehmende Vereinzelung, die wir in unserer Gesellschaft wahrnehmen und der auch wir ausgesetzt sind, der wir uns manchmal kaum entziehen können. Wir können diesem Trend nicht tatenlos zusehen, wenn wir dem Ruf Jesu folgen wollen in seine Nachfolge. Darum wollen wir unser Netz auswerfen, auch wenn wir allein vielleicht nicht viel ausrichten zu können meinen.

Es ist eben ein Wagnis, das Netz auszuwerfen. Ob wir etwas fangen werden, wissen wir vorher nicht. Und ob wir das finden, wonach wir gesucht haben, ist ebenso ungewiss. Wer sein Netz auswirft, wird auch Enttäuschungen erleben, mag sogar Unrat auflesen, der unachtsam ins Wasser geworfen wurde. Aber dennoch wollen wir im neuen Jahr auf Jesu Wort hin das Netz auswerfen. Wir tun es in der Hoffnung, dass wir verbunden sind mit vielen Männern und Frauen zu einem großen Netz, in dem Menschen Geborgenheit finden, in dem sie aufgefangen werden, wenn sie zu fallen drohen. So lasst uns unser Netz auswerfen – in der Gewissheit, dass unser Netz gefüllt wird wie damals das Netz von Simon, der auf das Wort Jesu hin hinausfuhr auf den See und mit einem reichen Fang zurückkehrte.

LIED
"Jeder knüpft am eignen Netz"[6]

AKTION

Die Teilnehmerinnen und Teilnehmer werden aufgefordert, mit der Kordel, die sie am Eingang erhalten haben, gemeinsam ein Netz zu knüpfen. Sie beginnen in kleinen Gruppen damit, zwei Kordeln zunächst kreuzförmig zusammenzuknoten und dann diese mit den Enden anderer Kordelpaare zu verbinden. Die Aktion kann mit Musik begleitet werden.

---

6 Menschenskinderlieder 1, 85.

Sie haben am Eingang eine Kordel in die Hand gedrückt bekommen. Vielleicht haben Sie schon gleich an das Netz gedacht oder haben es während der Ansprache gedanklich verknüpft mit dem Netz, das Simon auf Jesu Wort hin auswarf. Diese Seile sollen nun verbunden werden und dazu beitragen, dass wir alle ein Netz knüpfen:

Viele Hände werden an diesem Netz mitwirken.
Um es zu knüpfen, um es auszuwerfen, ist es gut,
es gemeinsam zu tun.
Denn es braucht viele,
um ein Netz zu knüpfen oder es hinabzulassen
und es mit dem Fang wieder herauszuziehen aus dem Wasser.
Ein Netz ist ein Symbol der Hoffnung,
der Zusammengehörigkeit.

MEDITATION
Auf dein Wort hin, Gott,
wollen wir im neuen Jahr
unser Netz knüpfen und es auswerfen.

Ein Netz knüpfen:
Gemeinsam am Werk sein,
Verbindungen schaffen,
nicht zu weite
und nicht zu enge Maschen knüpfen.

Ein Netz knüpfen:
Gemeinsam etwas gestalten,
das uns auffängt, wenn wir fallen.
Sicherheit geben,
damit wir uns hoch hinaus wagen können.

Ein Netz zusammenfügen:
Erneuern, wo es löchrig und durchlässig wurde,
gerissene Stellen flicken und ausbessern,
damit wir es wieder auswerfen können.

Ein Netz auswerfen:
In ein Boot steigen,
auf den See hinausfahren.
Uns auf schwankende Planken begeben,
ein Wagnis eingehen.

Ein Netz auswerfen:
Hinausfahren, wo der See am tiefsten ist,
Wind und Wellen ertragen.
Die Untiefen nicht umfahren und meiden,
sondern gerade dort das Netz herunterlassen.

Ein Netz auswerfen:
Hilfreiche Hände brauchen,
mit anderen unterwegs sein,
einen Freund, einen Partner haben,
es gemeinsam wagen.

Ein Netz auswerfen:
Das Unvernünftige wagen,
im Vertrauen auf das Wort,
das mir Hoffnung macht,
neue Wege zu gehen.

Auf dein Wort hin, Gott,
wollen wir im neuen Jahr
unser Netz knüpfen und es auswerfen.

LIED
  Lass uns in deinem Namen, Herr (EG 614[7])

---

[7] EG 658 im Regionalteil der Ev. Kirche im Rheinland, der Ev. Kirche von Westfalen und der Lippischen Landeskirche sowie der Ev.-reformierten Kirchen in Bayern und Nordwestdeutschland und der Ev.-altreformierten Kirche in Niedersachsen. EG 634 im Regionalteil der Ev.-Lutherischen Kirchen in Bayern und Thüringen.

FÜRBITTEN

1. Sprecher(in):
Auf dein Wort, Herr,
wollen wir ein Netz knüpfen,
in dem Menschen aufgefangen werden
und sich geborgen fühlen.
Auf dein Wort, Herr,
wollen wir unsere Netze auswerfen
und nach Menschen suchen,
die sich verfangen haben
in den Sorgen und Nöten ihres Lebens.

Wir rufen und singen: Herr, erbarme dich!
Die Gemeinde singt: Herr, erbarme dich (EG 178.10).

2. Sprecher(in):
Wir bitten dich für offene Ohren
und weitsichtige Augen,
dass wir uns nicht verschließen vor der Not derer,
die Hilfe brauchen, ein soziales Netz,
in dem sie sich geborgen wissen.

Wir rufen und singen: Herr, erbarme dich!
Die Gemeinde singt: Herr, erbarme dich (EG 178.10).

1. Sprecher(in):
Wir bitten dich für die Kinder,
die in unserer Stadt aufwachsen,
dass sie sicher und geborgen sind,
aufgehoben in einem Netz von Menschen,
die es gut mit ihnen meinen.

Wir rufen und singen: Herr, erbarme dich!
Die Gemeinde singt: Herr, erbarme dich (EG 178.10).

2. Sprecher(in):
Wir bitten dich für die jungen Menschen,
die auf dem Weg sind in ein selbstbestimmtes Leben,
dass sie sich frei entfalten können

und den rechten Ort finden,
wo sie ihre Netze auswerfen können.

Wir rufen und singen: Herr, erbarme dich!
Die Gemeinde singt: Herr, erbarme dich (EG 178.10).

1. Sprecher(in):
Wir bitten dich für die Menschen
in der Mitte ihres Lebens,
dass ihr Alltag nicht allein von Routine geprägt ist
und dass sie es wagen,
immer wieder Neues zu beginnen.

Wir rufen und singen: Herr, erbarme dich!
Die Gemeinde singt: Herr, erbarme dich (EG 178.10).

2. Sprecher(in):
Wir bitten dich für die Männer und Frauen,
die alt geworden sind,
die allein leben oder um einen geliebten Menschen trauern.
Lass sie aufgehoben sein in einem
Netz wohlmeinender Menschen.

Wir rufen und singen: Herr, erbarme dich!
Die Gemeinde singt: Herr, erbarme dich (EG 178.10).

1. Sprecher(in):
Wir bitten dich für uns und unsere Gemeinde,
dass wir unseren Auftrag nicht vergessen,
unsere Netze immer wieder aufs Neue auszuwerfen
und auf die Menschen zuzugehen.
Dass wir in unserer Gemeinde
miteinander an einem sozialen Netz knüpfen,
dessen Maschen nicht zu eng und nicht zu weit sind,
damit sich viele darin geborgen wissen.

STILLE

Vater unser

Segen

Musik

3 | *Maskerade –* Abendgottesdienst in der Karnevalszeit[8]

MUSIK

BEGRÜSSUNG UND HINFÜHRUNG
Masken tragen wir gerne in den Tagen,
die manche die 5. Jahreszeit nennen.
Masken tragen wir an Karneval aus Freude am Verkleiden.
Wir tragen die Masken, um freier feiern zu können,
um uns zu verstecken,
um eine andere Rolle auszuprobieren,
eine versteckte Seite unserer Persönlichkeit zu zeigen,
um wenigstens für eine kurze Zeit
einen lang gehegten Traum zu leben.
Heute soll es aber im übertragenen Sinne um Masken gehen,
um die Maske, durch die wir anderen etwas vormachen,
hinter der wir uns verstecken.

VORSTELLUNG DER MASKIERTEN
Vier Mitarbeiter(innen) treten auf. Sie tragen eine ihrer Rolle entsprechende Maske und Kleidung. Sie stellen sich pantomimisch oder mit wenigen Sätzen vor.

1. Der Clown, der immer nur lächeln kann.
2. Der Schüchterne, der sich hinter seiner Maske verbergen muss.

---

8 Dieser Gottesdienst eignet sich aufgrund der Thematik besonders, mit Jugendlichen vorbereitet und gefeiert zu werden.

3. Der Erfolgreiche, der eine Maske braucht, um seine Rolle spielen zu können, um erkannt zu werden.
4. Der Abgestempelte, dem die Maske von anderen aufgesetzt wird.

LIED

Wir tragen viele Masken[9]

PSALM 139

1. Sprecher(in):
Du weißt, wie es um mich steht, Gott,
und du kennst selbst meine geheimsten Gedanken.
Ob ich sitze oder stehe, du weißt es
und verstehst selbst meine dunkelsten Grübeleien.
Ob ich gehe oder liege, du bist mir nahe
und begleitest mich auf allen meinen Wegen.

2. Sprecher(in):
Du sieht meine Sorge und Angst.
Du siehst alle meine Fluchtwege,
du blickst hinter die Maske, die ich mir aufsetze.
Du siehst mich,
wenn ich träume von großen Dingen,
die ich tun will,
und wenn ich versage,
statt das Notwendige zu tun.

3. Sprecher(in):
Keinen Schritt, den ich gehe,
den du nicht begleitest.
Kein Wort, das ich spreche,
das du nicht hörst, ehe es laut wird.

1. Sprecher(in):
Du hast mich geschaffen im Leib meiner Mutter,
du hast mich wunderbar und einzigartig gemacht.
Mit deinen Augen hast du mich schon angesehen,
als ich noch nicht geboren war.

---

9 Singt zu Gottes Ehre, 150.

2. Sprecher(in):
Meine Tage liegen vor dir
wie ein aufgeschlagenes Buch.
Bei dir kann ich deshalb sein, wie ich bin
und kann die Maske abnehmen,
hinter der ich mich verstecke.

3. Sprecher(in):
Du weißt, wie es um mich steht, Gott,
und du kennst selbst meine geheimsten Gedanken.
Darum lobe ich dich, Gott und singe:
Ich lobe meinen Gott, der aus der Tiefe mich holt,
damit ich lebe.

LIED
   Ich lobe meinen Gott, der aus der Tiefe mich holt
(EG 638[10])

SCHRIFTLESUNG (Lukas 19,1–10)
   Ein(e) Sprecher(in) liest den Bibeltext vom Lesepult aus. Die anderen Sprecher(innen) sitzen im Kirchenraum verteilt auf den Bänken. Sie stehen nur zu ihrem jeweiligen Einsatz auf.

   Sprecher(in): Und Jesus kam nach Jericho. Dort lebte ein Mann mit Namen Zachäus. Er war der oberste Zöllner und war sehr reich.
   Der Erfolgreiche: „Ich bin total erfolgreich, ich kann mir was leisten. Aber glücklich bin ich nicht. Irgendetwas fehlt mir."

---

10 EG 585 im Regionalteil der Ev.-Lutherischen Kirchen in Niedersachsen und der Bremischen Ev. Kirche. EG 673 im Regionalteil der Ev. Kirche im Rheinland, der Ev. Kirche von Westfalen und der Lippischen Landeskirche sowie der Ev.-reformierten Kirchen in Bayern und Nordwestdeutschland und der Ev.-altreformierten Kirche in Niedersachsen. EG 615 im Regionalteil der Ev.-Lutherischen Kirchen in Bayern und Thüringen. EG 611 im Regionalteil der Ev. Landeskirche in Württemberg. EG 628 im Regionalteil der Ev. Landeskirche in Baden und der Ev. Kirche der Pfalz.

Sprecher(in): Und Zachäus wollte Jesus sehen, wollte sich ein Bild von ihm machen. Aber weil er klein war von Gestalt, konnte er ihn wegen der Menge nicht sehen.
Der Erfolgreiche: „Diese Leute versperren mir den Weg. Platz da! Ich will Jesus auch sehen! Lasst mich durch!"
Der Clown: „Wir sind schon länger da als du. Wer zu spät kommt, ist selbst schuld. Oder was meinst du?"
(wendet sich an den Abgestempelten)
Der Abgestempelte: „Warum sollen wir ausgerechnet dir Platz machen? Du hast uns immer nur ausgebeutet. Du hast uns das letzte Hemd geraubt mit deinen Gaunereien. Dich lasse ich nicht durch."
Der Schüchterne: „Was willst du überhaupt von Jesus? Ich an deiner Stelle würde einen großen Bogen um ihn machen. Wer so viel Dreck am Stecken hat wie du, hat doch bei Jesus nichts zu suchen."
Sprecher(in): Da stieg Zachäus auf einen Maulbeerbaum, um Jesus von dort zu sehen.
Der Erfolgreiche: „Hier oben habe ich einen guten Überblick. Hier kann ich mir ein gutes Bild von Jesus machen, ohne ihm nahe zu kommen."
Der Abgestempelte: „Da schaut mal, Leute, da sitzt Zachäus im Baum."
Der Clown: „Der feine Herr sitzt da oben, wie ein Hahn auf der Stange, hahaha."
Sprecher(in): Und als Jesus an die Stelle kam, sah er hoch und sprach zu Zachäus: „Zachäus, steig schnell herunter; denn ich muss heute in deinem Haus einkehren."
Der Erfolgreiche: „O, Jesus hat mich entdeckt. Wie peinlich, dass er und die Leute mich hier auf dem Baum sehen. Aber eigentlich ist es mir egal, was andere von mir denken. Jesus will zu mir kommen, er will mit mir essen, unter meinem Dach schlafen."
Sprecher(in): Und Zachäus stieg eilend herunter und nahm Jesus auf mit Freuden. Als das die Leute sahen, murrten sie und sprachen: „Bei einem Sünder ist Jesus eingekehrt."

Der Clown: „Warum kommt Jesus nicht zu mir, in mein Haus? Bei mir ist es doch immer so lustig."
Der Schüchterne: „Das ist ungerecht. Ausgerechnet zu Zachäus will Jesus gehen, zu dem Halsabschneider und Betrüger!"
Der Abgestempelte: „Könnt ihr das verstehen? Jesus geht zu dem Typen, den keiner ausstehen kann. Mich würden da keine zehn Pferde hinbringen."
Sprecher(in): Zachäus sagte zu Jesus: „Siehe, Herr, die Hälfte von meinem Besitz gebe ich den Armen, und wenn ich jemanden betrogen habe, dann gebe ich es vierfach zurück."

Jesus aber sprach zu ihm: „Heute ist diesem Hause Heil widerfahren, denn auch du bist Abrahams Sohn. Denn der Menschensohn ist gekommen, zu suchen und selig zu machen, was verloren ist."

LIED
Meine engen Grenzen (EG 584[11])

ANSPRACHE (mit 5 Sprechern)
Wie bei der Schriftlesung verteilen sich die Sprecher(innen), die eine Rolle übernommen haben, im Kirchenraum und stehen nur zu ihrem jeweiligen Einsatz auf.

Sprecher(in): Eine Maske ist ein merkwürdiger Gegenstand. Da ist die Maske des Clowns, sie zeigt ein Lachen, das aber erstarrt ist. Sie zeigt Lebensfreude und doch ist kein Leben in ihr. Sie ist ein eingefrorener Gesichtsausdruck und doch ziehen wir sie auf mit der Sehnsucht nach Leben. Die Maske ist tot und doch verheißt sie

---

11 EG 600 im Regionalteil der Ev. Kirche im Rheinland, der Ev. Kirche von Westfalen und der Lippischen Landeskirche sowie der Ev.-reformierten Kirchen in Bayern und Nordwestdeutschland und der Ev.-altreformierten Kirche in Niedersachsen. EG 589 im Regionalteil der Ev. Kirche in Württemberg. EG 574 im Regionalteil der Ev. Kirche in Österreich.

uns, dass wir mit ihr ein reicheres Leben führen als ohne sie.

Auch im übertragenen Sinne reduziert eine Maske die Vielfalt des Lebens. Wir bekommen Masken aufgesetzt, weil wir dann berechenbarer sind. Der eine bekommt die Maske des Unkomplizierten, des Fröhlichen, des Hilfsbereiten. Aber kein Mensch ist nur unkompliziert, immer fröhlich. Und auch der Hilfsbereite braucht hin und wieder Hilfe.

Oft setzen wir uns selbst eine Maske auf. Wir tun dies, um nicht aller Welt unsere Gefühle zu offenbaren. Wir tragen Masken, um uns zu schützen. Und das ist auch durchaus richtig, solange wir Orte haben, an denen wir sein können wie wir sind: in der Familie, vor Freunden, vor uns selbst, vor Gott.

Manchmal aber vergessen wir, unsere Masken abzulegen. Sie kann uns dann zu einem zweiten Gesicht werden. Dann können wir der Rolle, die wir spielen, kaum mehr entfliehen, machen uns selbst etwas vor, wie Zachäus, von dem wir in der Schriftlesung gehört haben.

Zachäus ist erfolgreich in seinem Beruf. Im Namen der Römer setzt er Zölle fest und treibt Steuern ein, ein sehr einträgliches Geschäft, wie sich jeder leicht vorstellen kann. So hat es Zachäus mit der Zeit zu Reichtum gebracht. Allerdings ist sein Ruf als Zöllner nicht gerade gut. Ihm wird nachgesagt, er haue die Leute übers Ohr. Und das ist nicht einmal gelogen.

Aber warum soll er sich fair gegenüber den Leuten verhalten? Sie sind ja auch nicht gut zu ihm. Kaum tritt er auf die Straße, da wenden sich die Leute um, gehen ihm aus dem Weg oder fangen an, über ihn zu reden:

Der Clown: „Da kommt Zachäus, der kleine Zachäus."

Sprecher(in): Oder sie sagen böse:

Der Schüchterne: „Da kommt Zachäus, der Betrüger. Seht wie er den großen Mann rauskehrt und mit seinem Geld protzt."

Der Abgestempelte: „Und dabei ist er doch nur ein Zöllner, einer der mit den Römern gemeinsame Sache macht, der mit der verhassten Besatzungsmacht zusammenarbeitet."

Sprecher(in): Für die Leute in Jericho ist Zachäus ein Kollaborateur, ein Verräter an seinem eigenen Volk.

Der Erfolgreiche: „Irgendjemand muss doch den Beruf des Zöllners ausüben. Irgendjemand muss schließlich die Steuern für die Römer eintreiben. Nur so lassen uns die Römer in Frieden."

Sprecher(in): Wenn Zachäus sein Haus verlässt, tut er so, als ob er nicht sieht, wie die Leute über ihn reden. Er versucht, nicht darauf zu achten, was sie sagen. Er trägt eine Maske, damit niemand erkennt, wie sehr er verletzt ist, wie sehr er sich ausgegrenzt fühlt. Er spielt den Souveränen, den Coolen. Aber hinter seiner Maske macht er ein trauriges Gesicht.

Zachäus trägt teure Kleidung, auffällige Schuhe. Er geht erhobenen Hauptes und mit durchgedrücktem Kreuz. Er spielt den reichen und erfolgreichen Geschäftsmann. Aber in Wirklichkeit ist er arm, arm an Liebe, arm an Anerkennung. Aber das darf er keinem zeigen, auf gar keinen Fall. Das würden alle gnadenlos ausnutzen. Niemand würde ihn mehr ernst nehmen, seine Worte, seine Drohungen hätten kaum mehr Wirkung. Die Maske ist längst zu seinem zweiten Gesicht geworden. Er kann sie gar nicht mehr ablegen. Doch eines Tages, als Zachäus auf die Straße tritt, hört er wie die Leute von einem Propheten sprechen, von einem Mann, der vielleicht der Messias ist.

Der Erfolgreiche: „Wie heißt dieser Prophet? Jesus? Diesen Jesus will ich mir mal genauer ansehen. Ich muss mir ein Bild von ihm machen, ich muss herausfinden, ob er wirklich der Messias ist, der von Gott gesandte Retter."

Sprecher(in): Und dann kommt Jesus eines Tages nach Jericho – die Gelegenheit für Zachäus, Jesus zu sehen. Und doch fühlt er sich nicht ganz wohl in seiner Haut. Wenn Jesus wirklich der Messias ist, kann er vielleicht durch die Maske hindurch sehen, hinter der sich Zachäus versteckt. Würde der Messias ihn nicht durchschauen?

Zachäus wischt die trüben Gedanken zur Seite. Er will Jesus sehen. Doch das ist gar nicht so leicht. Denn schon stehen die Leute aus der Stadt am Straßenrand. Sie drängen sich dicht an dicht. Es gibt kein Durchkommen für Zachäus. Der kleine Mann reckt und streckt sich, aber er kann über die Köpfe der Männer und Frauen nicht hinwegsehen.

Der Erfolgreiche: „Ich muss mir einen Weg durch die Menge bahnen. Platz da, hier komme ich! Ich will diesen Jesus auch sehen!"

Der Clown: „Wer ruft denn hier: Platz da? Ach, es ist Zachäus, der kleine Oberzöllner."

Der Abgestempelte: „Warum soll ich dir Platz machen? Du hast mich doch erst vor wenigen Tagen übers Ohr gehauen."

Der Schüchterne: „Was suchst du denn überhaupt hier? Meinst du, Jesus lässt sich mit solchen Leuten wie dir ein, mit Zöllnern und Sündern?"

Sprecher(in): Es ist zum Verzweifeln. Wo Zachäus auch auftaucht, rücken die Leute nur noch enger aneinander, Schulter an Schulter.

Der Erfolgreiche: „Aber ich will Jesus sehen, wenigstens von weitem. Ich will, ich muss mir ein Bild von ihm machen."

Sprecher(in): Da hat Zachäus eine Idee: Er sieht einen Baum direkt an der Straße. Von dort oben würde er einen guten Überblick haben, dort könnte er mit Abstand verfolgen, was sich auf der Straße abspielen würde.

Der Erfolgreiche: „Ich klettere auf den Baum, dort kann ich garantiert einen Blick auf Jesus werfen."

Sprecher(in): Und so klettert der kleine Mann auf einen Baum und versteckt sich hinter den Zweigen. Einige der Herumstehenden lachen zwar, als sie bemerken, wie er sich in der Krone des Baumes versteckt. Aber Zachäus ist das egal. Er tut so, als ob er sie nicht bemerkt. Und bald schon nimmt jemand anderes die Aufmerksamkeit der Leute gefangen: Sie sehen, wie Jesus mit seinen Jüngerinnen und Jüngern kommt. Die Leute rufen, sie grüßen Jesus wie einen König. Zachäus sieht sich Jesus an, wie er gelassen an der Menschenmenge entlangschreitet. Jesus kommt immer näher, ist nur noch wenige Schritte von ihm entfernt. Auf einmal bleibt Jesus stehen und blickt hinauf. Er sieht Zachäus auf dem Ast sitzen. „Zachäus, komm runter von deinem Baum", sagt Jesus. „Ich will heute bei dir einkehren in deinem Haus." Jesus blickt Zachäus an und Zachäus spürt, wie dieser Blick ihn im Innersten berührt. Jesus sieht mitten in sein Herz, er sieht seine Traurigkeit, seinen Kummer, seine Wut.

Zachäus merkt, wie er rot wird. Er fühlt sich ertappt. Er merkt, wie Jesus durch seine Maske hindurchblickt. Aber das ist ihm auf einmal egal, denn vor Jesus braucht er keine Maske. Bei Jesus kann er sein, wie er wirklich ist. Er muss sich nicht verstellen. Auf einmal fühlt sich Zachäus geradezu befreit. Jesus will bei ihm einkehren! Nicht schnell genug kann er vom Baum herunterklettern.

Der Schüchterne: „Was ist denn jetzt los? Warum will sich Jesus ausgerechnet von Zachäus bewirten lassen, von dem Halsabschneider?"

Der Clown: „Ich würde Jesus auch gern in mein Haus einladen, aber mich fragt ja keiner."

Der Abgestempelte: „Warum lässt sich Jesus mit einem solchen Typen wie Zachäus ein, mit diesem miesen Zöllner, von dem sich kein anständiger Mensch einladen lassen würde? Ich jedenfalls würde nie im Leben einen Fuß über die Schwelle seines Hauses setzen."

Sprecher(in): Zachäus hört die neidischen Stimmen der Leute nicht. Er ist glücklich und führt Jesus in sein Haus. Er nimmt ihn auf wie einen Ehrengast und lässt ein Festmahl für ihn und seine Jüngerinnen und Jünger bereiten.

Endlich hat er einen Menschen getroffen, der sich nicht blenden lässt von seiner Maske und von dem er sich dennoch angenommen fühlt. Jesus hält ihm nicht vor, ein Handlanger der römischen Besatzungsmacht zu sein. Zachäus fühlt, wie von Jesus eine Wärme ausgeht, er weiß sich in seiner Gegenwart geliebt.

Als sie beim Essen sitzen, merkt Zachäus, dass sich sein Leben durch die Begegnung mit Jesus ändern muss. Denn wer geliebt wird, der kann seine Maske ablegen. Wer sich angenommen weiß, der kann so sein wie er ist.

Der Erfolgreiche: „Jesus, ich will mein Leben ändern. Ich will mich nicht mehr mit meiner Rolle des erfolgreichen Geschäftsmanns zufrieden geben. Ich will wieder ich selbst sein. Deshalb werde ich von meinem Reichtum die Hälfte unter den Armen verteilen. Und denen, die ich betrogen habe, denen will ich es vierfach zurückgeben."

Sprecher(in): Jesus freut sich mit Zachäus, dass er auf einmal seine gute, seine großzügige Seite zeigen kann und sich nicht mehr hinter einer harten, undurchdringlichen Fassade verstecken muss.

An Zachäus wird deutlich, wie gut es ist, wenn jemand seine Maske ablegt. Der Oberzöllner fühlt sich wie befreit, als er endlich seine Rolle verlassen, seine Schwächen zeigen kann. Und Zachäus wird frei, Gutes zu tun. Er verteilt die Hälfte seines Besitzes an die Armen und gibt zurück, wo er betrogen hatte.

Denn eine Maske macht unfrei, legt einen Menschen fest auf eine bestimmte Rolle. Wer sie ablegt, wird spüren, wie das Gesicht wieder lebendig wird. Vielleicht ist es nicht so gleichmäßig und makellos schön wie eine Maske, vielleicht ist es voller Falten. Aber nur ein Gesicht ist lebendig, nur unser wahres Gesicht ist einzigartig, ein Original, von Gott geschaffen und durch das Leben gereift.

LIED
Fürchte dich nicht, gefangen in deiner Angst
(EG 612[12])

MEDITATION
Immer wieder verbergen wir unser Gesicht hinter einer Maske.
Wir tragen Masken, um zu gefallen,
wir verstecken uns dahinter, um unser wirkliches Gesicht zu verbergen,
um für andere nicht wie ein offenes Buch zu sein.
Wir verstecken uns hinter Masken,
um die Tränen, Ängste und Sorgen nicht zu zeigen,
um nicht durchschaubar zu sein.
Wir tragen Masken, aus Angst verletzt zu werden,
weil wir uns oft nicht mehr ohne sie auf die Straße trauen.
Wir tragen Masken,
weil wir uns an sie gewöhnt haben.

---

12 EG 595 im Regionalteil der Ev.-Lutherischen Kirchen in Niedersachsen und der Bremischen Ev. Kirche. EG 656 im Regionalteil der Ev. Kirche im Rheinland, der Ev. Kirche von Westfalen und der Lippischen Landeskirche sowie der Ev.-reformierten Kirchen in Bayern und Nordwestdeutschland und der Ev.-altreformierten Kirche in Niedersachsen. EG 630 im Regionalteil der Ev.-Lutherischen Kirchen in Bayern und Thüringen. EG 629 im Regionalteil der Ev. Landeskirche in Württemberg. EG 643 im Regionalteil der Ev. Landeskirche in Baden und der Ev. Kirche der Pfalz. EG 631 im Regionalteil der Ev. Kirche in Österreich.

Manchmal ist unser Gesicht wie zu einer Maske erstarrt,
ist hart und leblos geworden.
Dann ist es gut, wenn uns die Maske abgenommen wird
oder wir in einem geschützten Raum unser Gesicht zeigen können.
Dann gewinnt unser Gesicht wieder seine Lebendigkeit zurück,
die erstarrten Züge werden wieder weich.

Die Maskierten legen ihre Masken vor dem Altar ab, wenden sich um und zeigen der Gemeinde ihre unmaskierten Gesichter. Beim folgenden Text legen sie ihre Hände vor das Gesicht und fahren mit den Fingern langsam von der Stirn bis zum Kinn. Anschließend lassen sie die Arme sinken.

Wir können mit unseren Händen über unser Gesicht fahren,
nach den kalten Stellen spüren,
die harten Kanten fühlen.
Wenn wir mit allen Fingern von oben nach unten über unser Gesicht fahren,
dann ist es, als ob wir unsere Maske abnehmen,
als ob wir die Schminke abwischen, unter der wir unser Gesicht verbergen.
Mit unseren Händen spüren wir die Lebendigkeit unseres Gesichtes,
die weichen und die rauen Stellen.
Wir fühlen, wie einzigartig und wunderbar uns Gott gemacht hat.
Vor ihm können wir deshalb sein, wie wir sind,
können die Masken abnehmen
und unser Gesicht zeigen, wie es ist.

GEBET

1. Sprecher(in):
Gott, unser Vater und unsere Mutter,
seit Jahren schon laufe ich mit einer Maske umher.
Sie ist mir zum zweiten Gesicht geworden.
Ich trage eine Verkleidung.
Ich habe gelernt, wie man es macht,
seine Schwächen zuzudecken und die Gefühle zu verbergen.

2. Sprecher(in):
Ich lächle verbindlich, aber mein Lachen ist nicht echt.
Ich lege Sicherheit an den Tag, aber in Wirklichkeit spiele ich Theater.
Ich tue, als fiele mir alles in den Schoß,
als irrte ich niemals,
als hätte ich weder Sehnsucht noch Heimweh.
Warum bin ich nicht so, wie ich wirklich bin?

1. Sprecher(in):
Wenn ich allein und für mich bin,
wenn ich zu dir bete,
fällt mir die Maske vom Gesicht.
Ich sitze da, und fühle mich allein und leer.

2. Sprecher(in):
Wenn dann einer käme und sagte:
Ich mag dich trotzdem. Ich will dich so, wie du bist.
Dann, mein Gott, dann kann ich so sein, wie ich bin,
dann kann ich die Maske vom Gesicht nehmen.

1. Sprecher(in):
In der Stille bringe ich vor Gott,
was mich dazu bringt, eine Maske zu tragen.
Ich bringe vor Gott, wo ich mich verstelle,
wo ich nicht echt bin.

STILLE

VATER UNSER

KANON
> Herr, bleibe bei uns (EG 483)

SEGEN

MUSIK

4 *Palmen auf dem Weg –*
Abendgottesdienst am Palmsonntag

Palmzweige oder andere grüne Zweige liegen im Mittelgang der Kirche und bilden einen Weg vom Eingang bis zum Altar. Am Eingang werden handflächengroße Kieselsteine verteilt.

MUSIK

HINFÜHRUNG
    Mit dem heutigen Sonntag stehen wir am Beginn der stillen Woche, der Karwoche. Sie beginnt mit dem Palmsonntag, an dem Jesus voller Jubel empfangen wird, als er auf einem Esel in die Stadt Jerusalem hineinreitet. Mit Palmenzweigen stehen die Menschen am Wegesrand und jubeln ihm zu wie einem König oder einem Sieger.
    Doch schon bald wendet sich die Stimmung der Menge, als Jesus den Erwartungen nicht entspricht. Der Weg, der mit Palmblättern ausgelegt war, nimmt einen unerwarteten Verlauf. Er führt bald ins Leiden. Was mit den Hosiannarufen und den Palmen auf dem Weg begann, endet bald mit dem Ruf: Kreuzige ihn!

LIED
    Wie soll ich dich empfangen (EG 11,1–4)

PSALM 92
    Hosianna dem Sohn Davids! Gelobt sei, der da kommt im Namen des Herrn!
    Hosianna in der Höhe!

Du lässt mich fröhlich singen, Gott,
du schenkst mir ein dankbares Herz,
dass ich dir danke und deinen Namen lobe.
Deine Gnade ist jeden Morgen neu
und bis in die Nacht hinein
hältst du deine Hand über mir.
Deshalb kann ich dir fröhlich singen
und das Werk deiner Hände preisen.
Unergründlich sind deine Gedanken,
zu tiefgründig, als dass es die Törichten glauben
und die Narren begreifen könnten.
Sie werden verdorren wie Gras,
das zwar schnell wächst,
aber bald welk wird und verdorrt.
Aber du, der du die Zeit regierst,
bleibst in Ewigkeit.
Du lässt den Gerechten grünen wie eine Palme,
lässt ihn in den Himmel hinauf wachsen.
Wer im Hause Gottes eingepflanzt ist,
wird in seinen Höfen blühen.
Noch im Alter wird er Früchte tragen,
wird frisch bleiben und kraftvoll sein.
An ihm wird sichtbar, dass du gerecht bist, Gott.
Du bist wie ein Fels und kein Unrecht ist an dir.

Hosianna dem Sohn Davids! Gelobt sei, der da kommt
im Namen des Herrn!
Hosianna in der Höhe!

LIEDRUF
Freuet euch im Herrn (EG 789.3[13])

---

13 EG 579 im Regionalteil der Ev. Kirche im Rheinland, der Ev. Kirche von Westfalen und der Lippischen Landeskirche sowie der Ev.-reformierten Kirchen in Bayern und Nordwestdeutschland und der Ev.-altreformierten Kirche in Niedersachsen. EG 698 im Regionalteil der Ev.-Lutherischen Kirchen in Bayern und Thüringen.

KLAGE
Auf jedem Weg, auch wenn er durch Palmen bedeckt ist, liegen Steine.
Steine, an denen wir unsere Füße stoßen,
die verletzen und den Weg verstellen.
Wir klagen Gott unsere Verletzung und unsere Bitterkeit.
Als Zeichen dafür legen wir die Steine ab, die wir am Eingang erhalten haben.
Lassen Sie uns dabei singen: Kyrie eleison, Herr erbarme dich!

LIEDRUF
Kyrie, Kyrie eleison (EG 178.12)

Die Teilnehmerinnen und Teilnehmer legen während des wiederholt gesungenen Kyrie einen Stein ab auf dem Weg zwischen Eingang und Altar, der mit Palmzweigen ausgelegt ist.

GEBET
Gott, unser Vater,
du bist in deinem Sohn Jesus Christus
zu uns gekommen,
du bist eingekehrt in unsere Welt.
Du hast uns nicht allein gelassen mit unseren Sorgen und Ängsten.
Wie gerne möchten wir dich aufnehmen in unsere Familien und Häuser,
wir sehnen uns nach deiner Nähe.
Und doch fällt es uns immer wieder schwer,
dir zu folgen, wohin du uns gerufen hast.
Wir sind zurückgewichen, wo du deine
Hand nach uns ausgestreckt hast.
Auch wir haben dich allein gelassen,
als du uns brauchtest.
So bitten wir dich für diese Stunde,
dass du trotz allem in unsere Herzen einziehst

und uns bereit machst für dein Kommen
zu einem jeden von uns.

Schriftlesung (Johannes 12,12–19)
Als am nächsten Tag die große Menge, die aufs Fest gekommen war, hörte, dass Jesus nach Jerusalem käme, nahmen sie Palmzweige und gingen hinaus ihm entgegen und riefen: Hosianna! Gelobt sei, der da kommt im Namen des Herrn, der König von Israel!

Jesus aber fand einen jungen Esel und ritt darauf, wie geschrieben steht (Sacharja 9,9): „Fürchte dich nicht, du Tochter Zion! Siehe, dein König kommt und reitet auf einem Eselsfüllen." Das verstanden seine Jünger zuerst nicht; doch als Jesus verherrlicht war, da dachten sie daran, dass dies von ihm geschrieben stand und man so mit ihm getan hatte.

Das Volk aber, das bei ihm war, als er Lazarus aus dem Grabe rief und von den Toten auferweckte, rühmte die Tat. Darum ging ihm auch die Menge entgegen, weil sie hörte, er habe dieses Zeichen getan. Die Pharisäer aber sprachen untereinander: Ihr seht, dass ihr nichts ausrichtet; siehe, alle Welt läuft ihm nach.

Stille

Meditation
Hosianna – so jubeln dir die Menschen zu.
Hosianna dem Sohn Davids!
Gelobt sei, der da kommt im Namen des Herrn!
Hosianna in der Höhe!

Du kommst nach Jerusalem,
ziehst ein in die Stadt Gottes.
Wie ein König wirst du begrüßt,
die Menschen beugen ihre Knie,
sie huldigen dir, legen ihre Kleider in den Staub
und Palmen auf den Weg.

Doch bald werden sie nicht mehr jubeln,
sie werden rufen: Kreuzige, kreuzige ihn.

Du kommst zu uns Menschen
und doch trittst du anders auf,
als wir es dachten,
du reitest auf einem Esel,
du sitzt nicht hoch zu Ross,
trägst nicht die Kennzeichen der Macht.
Du enttäuschst unsere Erwartungen,
lässt dich nicht benutzen für unsere Ziele.

Du kommst auch zu mir,
du näherst dich mir in unscheinbarem Gewand,
du kommst anders, als ich es mir wünsche,
enttäuschst auch meine Hoffnungen und Träume.
Will ich mich dir öffnen,
will ich dich empfangen,
will ich dir das Hosianna singen,
nicht nur heute, sondern auch morgen?

LIED
>   Wir gehn hinauf nach Jerusalem (EG 545[14])

FÜRBITTEN
>   *1. Sprecher(in):*
>   Du bist Mensch geworden, Herr Jesus Christus,
>   du wurdest in Jerusalem begeistert empfangen.
>   Wie begrüßen und empfangen *wir* dich?
>   Wie erwarten wir deine Gegenwart,
>   wo rechnen wir mit dir in unserem Leben?
>   Du kommst den untersten Weg,
>   den Weg, den keiner von uns gehen will.
>   Doch dein Weg ist der Weg der Liebe.

---

14 Nur im Regionalteil der Ev. Kirchen in Hessen-Nassau und Kurhessen-Waldeck vorhanden.

Wir rufen: Herr, erbarme dich!
Die Gemeinde singt: Herr, erbarme dich (EG 178.10).

2. Sprecher(in):
Hilf uns, dir auf deinem Weg zu folgen,
lass uns nicht nur nach dem immer Höheren trachten,
sondern den Weg der Liebe suchen.

Wir rufen: Herr, erbarme dich!
Die Gemeinde singt: Herr, erbarme dich (EG 178.10).

1. Sprecher(in):
Schenke uns die Kraft, einander zu lieben und
zu achten,
gib uns den Mut, einander zu unterstützen und
zu stärken.

Wir rufen: Herr, erbarme dich.
Die Gemeinde singt: Herr, erbarme dich (EG 178.10).

2. Sprecher(in):
Wir bitten dich für die Menschen,
die sich in den Höhen und Tiefen des Lebens nicht mehr zurechtfinden,
deren Weg steil abgestürzt ist.
Lass sie in deinem Wort Halt finden.

Wir rufen: Herr, erbarme dich!
Die Gemeinde singt: Herr, erbarme dich (EG 178.10).

1. Sprecher(in):
Wir bitten dich für die Menschen,
die gestolpert sind auf ihren Wegen,
die keine Kraft mehr haben, wieder auf die Beine zu
kommen.
Schenke uns wachsame Augen,
dass wir ihnen beistehen.

Wir rufen: Herr, erbarme dich!
Die Gemeinde singt: Herr, erbarme dich (EG 178.10).

2. Sprecher(in):
Wie leicht werden Menschen hochgejubelt und gefeiert
und wie schnell werden sie fallen gelassen.
Bewahre uns davor, abzuheben und überheblich zu werden.
Lehre uns, bescheiden zu bleiben,
auch im Glück und in den Erfolgen,
die wir letztlich deiner Treue verdanken.

Wir rufen: Herr, erbarme dich!
Die Gemeinde singt: Herr, erbarme dich (EG 178.10).

STILLE

VATER UNSER

LIED
Wenn wir jetzt weitergehen, dann sind wir nicht allein (EG 168,4–6)

SEGEN

MUSIK

Die Teilnehmerinnen und Teilnehmer können sich Palmzweige oder andere grüne Zweige mit auf ihren Heimweg nehmen, die Mitarbeiterinnen und Mitarbeitern am Ausgang verteilen.

5 *Dem Kreuz nachspüren –*
Abendgottesdienst in der Karwoche

MUSIK

BEGRÜSSUNG UND EINSTIMMUNG
Wir gehen den Weg mit Jesus hinauf nach Golgatha.
Sein Leidensweg wird zu unserem.
Und unser Leidensweg wird zu seinem,
wird hineingenommen in seinen Weg hinauf zur Kreuzesstätte.
So können wir manches Schwere in unserem Leben
als Kreuz verstehen,
das uns aufgegeben ist, um daran zu wachsen und
zu reifen.
Denn Jesus Christus spricht:
Wer mir nachfolgen will, der nehme sein Kreuz auf
sich und folge mir nach.

Ein oder mehrere Mitarbeiter(innen) leiten die Teilnehmerinnen und Teilnehmer mit Gebärden an.

Lasst uns nun das Kreuz spüren,
es mit unserem Körper nachbilden,
zunächst den Kreuzesstamm,
der nach oben in den Himmel weist.
Unsere Füße stehen schulterbreit auseinander,
wir stehen gerade und aufrecht.
Mit den Füßen spüre ich die gute Kraft der Erde,
die mich trägt und nährt.
Mit meinem Körper strecke ich mich dem Himmel entgegen.
Das lässt mich wachsen, das lässt mich aufrecht sein.

Mein Körper zwischen unten und oben,
zwischen Himmel und Erde,
zwischen Göttlichem und Menschlichem.
Nun strecke ich meine Arme aus nach links und nach rechts,
dehne sie, versuche den Horizont zu berühren.
Ich spüre die Weite, ich nehme Beziehung auf zur Welt,
zu anderen Menschen.
Mein Körper wird zum Kreuz,
zum Schnittpunkt zwischen oben und unten,
zwischen rechts und links.
Als Zeichen der Gemeinschaft wollen wir einen
Moment in der Kreuzform verweilen.
Wer will, kann die Handflächen eines anderen berühren,
sie aneinander legen.
So sind wir verbunden mit Gott und mit Menschen,
im Zeichen des Kreuzes, im Zeichen der Liebe.

LIED

Bleib bei mir, Herr (EG 488,1–5)

GEBET

Herr, Jesus Christus
wir kommen heute zu dir wie wir sind,
mit unseren inneren und äußeren Verletzungen,
mit unserer Schwachheit,
mit unseren Nöten und Ängsten.
Wir kommen zu dir,
der du selbst den Weg des Leidens
gegangen bist,
der Verzagtheit, der Einsamkeit.
Sei du nun bei uns in dieser Stunde
und mache unsere Herzen weit,
damit wir dein Wort recht hören und bewahren.

TEXTCOLLAGE[15]

LIEDRUF
Bleibet hier und wachet mit mir (EG 789.2[16])

1. Sprecher(in):
Sei mir gnädig, Gott, sei mir gnädig!
Denn auf dich traut meine Seele,
und unter dem Schatten deiner Flügel habe ich Zuflucht,
bis das Unglück vorübergeht.
Ich rufe zu Gott, dem Allerhöchsten,
zu Gott, der meine Sache zum guten Ende führt.
Verzehrende Flammen sind die Menschen,
ihre Zähne sind Spieße und Pfeile und ihre Zungen scharfe Schwerter.
Erhebe dich, Gott, über den Himmel und deine Herrlichkeit über alle Welt!

STILLE

2. Sprecher(in):
Menschen gehen zu Gott in ihrer Not,
flehen um Hilfe, bitten um Glück und Brot,
um Errettung aus Krankheit, Schuld und Tod.
So tun sie alle, alle, Christen und Heiden.

---

[15] Quellen: Psalm 57,2–3.5–6; Markus 8,34–47; Markus 14,32–42; Dietrich Bonhoeffer, Christen und Heiden, in: Widerstand und Ergebung, 182.
[16] Abweichende Zählung in folgenden Gesangbüchern: EG 585 im Regionalteil der Ev. Kirche im Rheinland, der Ev. Kirche von Westfalen und der Lippischen Landeskirche sowie der Ev.-reformierten Kirchen in Bayern und Nordwestdeutschland. EG 700 im Regionalteil der Ev.-Lutherischen Kirchen in Bayern und Thüringen sowie der Ev.-Lutherischen Landeskirche Mecklenburgs. EG 787.2 im Regionalteil der Ev. Landeskirche in Württemberg.

LIEDRUF
Bleibet hier und wachet mit mir (EG 789.2)

3. Sprecher(in):
Und Jesus rief zu sich das Volk samt seinen Jüngern und sprach zu ihnen:
 Wer mir nachfolgen will, der verleugne sich selbst und nehme sein Kreuz auf sich und folge mir nach. Denn wer sein Leben erhalten will, der wird's verlieren; und wer sein Leben verliert um meinetwillen und um des Evangeliums willen, der wird's erhalten.
 Denn was hülfe es dem Menschen, wenn er die ganze Welt gewönne und nähme an seiner Seele Schaden? Denn was kann der Mensch geben, womit er seine Seele auslöse?

STILLE

2. Sprecher(in):
Menschen gehen zu Gott in Seiner Not,
finden ihn arm, geschmäht, ohne Obdach und Brot,
sehn ihn verschlungen von Sünde, Schwachheit und Tod.
Christen stehen bei Gott in Seinem Leiden.

LIEDRUF
Bleibet hier und wachet mit mir (EG 789.2)

1. Sprecher(in):
Und Jesus kam mit seinen Jüngern zu einem Garten mit Namen Gethsemane. Und er sprach zu ihnen: Setzt euch hierher, bis ich gebetet habe.
 Und er nahm mit sich Petrus und Jakobus und Johannes und fing an zu zittern und zu zagen und sprach zu ihnen: Meine Seele ist betrübt bis an den Tod; bleibt hier und wachet!
 Und er ging ein wenig weiter, warf sich auf die Erde und betete, dass, wenn es möglich wäre, die Stunde an

ihm vorüberginge, und sprach: Abba, mein Vater, alles ist dir möglich; nimm diesen Kelch von mir; doch nicht, was ich will, sondern was du willst!

Und er kam und fand sie schlafend und sprach zu Petrus: Simon, schläfst du? Vermochtest du nicht, eine Stunde zu wachen?

Wachet und betet, dass ihr nicht in Versuchung fallt! Der Geist ist willig; aber das Fleisch ist schwach.

Und er ging wieder hin und betete und sprach dieselben Worte und kam zurück und fand sie abermals schlafend; denn ihre Augen waren voller Schlaf, und sie wussten nicht, was sie ihm antworten sollten.

Und er kam zum dritten Mal und sprach zu ihnen: Ach, wollt ihr weiter schlafen und ruhen? Es ist genug; die Stunde ist gekommen. Siehe, der Menschensohn wird überantwortet in die Hände der Sünder.
Steht auf, lasst uns gehen! Siehe, der mich verrät, ist nahe.

STILLE

2. Sprecher(in):
Gott geht zu allen Menschen in ihrer Not,
sättigt den Leib und die Seele mit Seinem Brot,
stirbt für Christen und Heiden den Kreuzestod
und vergibt ihnen beiden.

LIEDRUF
Bleibet hier und wachet mit mir (EG 789.2)

ANSPRACHE
Der Weg Jesu, seine Passion verdichtet sich in den Geschehnissen im Garten Gethsemane. In seinem Gebet, seiner Bitte, dass der Kelch an ihm vorübergehen möge und in dem Verhalten der Jüngerinnen und Jünger, die Jesus allein lassen, ist der Leidensweg Jesu vorgezeichnet. Jesus weiß um das Schicksal, das ihm bevorsteht. Er weiß, dass er bald verraten wird, dass ihm der Pro-

zess gemacht wird. Er ahnt, dass er gegeißelt werden würde und am Ende hingerichtet.

Jesus kommen Zweifel, ob er diesen Weg zu Ende gehen muss. Und er ist traurig, dass sein Leben so früh ein Ende finden soll: „Meine Seele ist betrübt bis in den Tod" sagt er zu Petrus, zu Jakobus und Johannes. Und er bittet sie, mit ihm zu wachen.

2 Sprecher(innen): „Wachet und betet!"

In seiner Not wendet sich Jesus an Gott. Denn unter seinen Jüngerinnen und Jüngern gibt es niemanden, der verstehen will, was ihn bedrückt. Ihre Ohren sind taub. Wenn sich kein Ohr findet, das zuhört, dann können wir uns im Gebet an Gott wenden, ihm unseren Kummer, unsere Sorgen nennen, wie es auch Jesus tat: „Abba, mein Vater, alles ist dir möglich; nimm diesen Kelch von mir. Lass diesen Kelch an mir vorübergehen!" Jesus sagt Gott, was ihn quält. Er fragt ihn in seiner Todesangst, ob er den Weg ans Kreuz wirklich gehen soll. Kann er diesen Weg nicht abbrechen? Kann Gott nicht ein Wunder geschehen lassen und ihn retten?

Ganz menschliche Gedanken, die auch der eine oder die andere unter uns schon gedacht haben mag. „Lass diesen Kelch an mir vorübergehen!" So betet mancher in seiner Not, so betet der Krebskranke, so betet der Liebende am Sterbebett. Kann nicht Gott ein Wunder tun und das voraussehbare Schicksal wenden?

2 Sprecher(innen): „Wachet und betet!"

„Lass diesen Kelch an mir vorübergehen!", mit diesen Worten ringt Jesus mit Gott. „Du kannst das, denn dir sind alle Dinge möglich!" Ganz real rechnet Jesus, dass Gott sein Gebet erhören kann, dass Gott seinen Plan ändert, dass er ihm das Leiden und den bevorstehenden Tod erspart. Aber nicht nur Gott kann sich ändern. Auch der Beter wird während eines ernstlichen Gebets ein anderer. Und so kann sich Jesus am Ende in den

Willen Gottes fügen: „Doch nicht, was ich will, geschehe, sondern was du willst!" „Dein Wille geschehe, wie im Himmel, so auf Erden" – manchem unter uns mögen diese Worte aus dem Gebet Jesu, dem Vaterunser besonders schwer fallen. Mancher kann diese Worte kaum mitsprechen. Und jetzt muss Jesus selbst diese Bitte aus seinem Gebet mühsam nachbuchstabieren, bis er sagen kann: „Nicht mein Wille, sondern dein Wille geschehe!"

2 Sprecher(innen): „Wachet und betet!"

Jesus fügt sich in den Willen Gottes, er nimmt den Weg an, den Gott ihm zugedacht hat. Das Schicksal annehmen, bedeutet nicht, gebeugt durch das Leben zu gehen. Wer sein Schicksal annimmt, der bekommt neue Kräfte. Er muss nicht mehr hadern und kämpfen. Auch Jesus kommt gestärkt zurück zu den drei Jüngern, mit denen er in den Garten Gethsemane gekommen war. Er ist nun bereit, seinen Weg zu gehen, er hat sein Schicksal angenommen.

Doch die Jünger sind eingeschlafen. Sie haben ihre Augen geschlossen auch im übertragenen Sinne. Sie sehen nicht, in welcher Gefahr sich ihr Herr befindet. Sie sind blind für seine inwendige Not. Sie sind nicht bereit, den Weg mitzugehen, den Jesus gehen muss. „Simon Petrus, schläfst du? Bist du eingeschlafen, während ich gebetet habe? Kannst du nicht eine Stunde mit mir wachen und beten?"

2 Sprecher(innen): „Wachet und betet!"

Jesus stand auf einmal vor Augen, wie er seinen Weg ins Leiden und ans Kreuz *allein* gehen muss. Auf seine Jünger, selbst auf seine engsten Freunde, kann er sich nicht verlassen. Sie werden vor der Gefahr fliehen, sie werden ihm nicht zur Seite stehen, wenn er sie am dringendsten brauchen würde. Einer von ihnen wird ihn verraten, die anderen werden sich wegdrücken, wenn es gefährlich wird. Und Simon Petrus, der ihn noch am längsten begleiten wird auf seinem Weg, der wird ihn am Ende verleugnen.

Wieder wendet sich Jesus zu Gott in seiner Not. „Lass diesen Kelch an mir vorübergehen! Lass es nicht zu, dass sie mich verlassen, meine engsten Freunde. Öffne ihnen doch ihre Augen für meine Not. Lass sie begreifen, wie sehr ich sie gerade jetzt brauche! Doch nicht mein Wille, sondern dein Wille geschehe!"

2 Sprecher(innen): „Wachet und betet!"

Zweimal kehrt Jesus zu den drei Jüngern zurück. Und jedes Mal sind sie eingeschlafen, statt mit Jesus zu wachen und zu beten. „Jetzt braucht ihr nicht mehr mit mir wachen und beten", sagt Jesus, als er sie das dritte Mal schlafend findet. „Steht auf, denn der mich verrät, ist nahe."

Durch das Gebet gestärkt kann Jesus den Weg des Leidens gehen, der inneren und äußeren Einsamkeit. Er geht dem Leiden und dem Sterben nicht aus dem Weg. Deshalb kann er uns besonders nahe sein, wenn auch wir schwach und krank sind, wenn wir unter der Todesverfallenheit unserer Welt und unseres Lebens leiden. Er kann uns helfen, wenn wir mit unserem Schicksal hadern, wenn wir uns fragen, warum Gott uns einen schweren Weg zumutet.

2 Sprecher(innen): „Wachet und betet!"

Bei Jesus lernen wir, wie wir mit unserem Leid umgehen können. Er wendet sich an Gott im Gebet. Jesus sagt Gott seine Not und benennt seine Hoffnung. Er bittet ihn um ein Wunder, um eine Veränderung seines schweren Schicksals. Jesus bleibt dabei aber offen und kann sich so letztlich dem Willen Gottes beugen.

Wenn wir leiden müssen, dann dürfen auch wir Gott unsere Not klagen. Wir dürfen uns voll Hoffnung an ihn wenden, auch in der Hoffnung auf ein Wunder.

Aber nicht unser Wille, sondern sein Wille geschehe. Wenn wir schließlich nicht aus dem Leid heraus geführt werden, aus der schweren Krankheit, der inneren Not, dann ist es wichtig, dass wir die Not annehmen, als unseren Weg, den Gott uns führt.

Doch wir dürfen gewiss sein, dass Gott uns auf diesem Weg nicht allein lässt, sondern uns ganz nahe ist, näher als uns selbst der liebste Mensch sein kann, näher als wir uns selbst sind. In dieser Gewissheit lassen Sie uns unsere Kreuzwege annehmen, die wir geführt werden. Denn wer Jesus nachfolgen will, der verleugne sich selbst und nehme sein Kreuz auf sich.

LIED
Herr, der du einst gekommen bist (EG 586,1–5[17])

FÜRBITTEN
1. Sprecher(in):
Himmlischer Vater,
du hast deinen Sohn zu uns gesandt,
der kein Leiden, nicht einmal den Tod gescheut hat,
um uns zu erlösen von unserer Todesverfallenheit.
Wir danken dir,
dass du uns deinen Sohn zum Bruder hast
werden lassen, der uns zur Seite steht,
wenn auch wir leiden müssen.

2. Sprecher(in):
Wir bitten dich für die Menschen
in der Nähe und in der Ferne,
die krank sind, die leiden müssen
und Schmerzen aushalten.

Wir rufen und singen: Herr, erbarme dich!
Die Gemeinde singt: Herr, erbarme dich (EG 178.10).

---

[17] Nur im Regionalteil der Ev. Kirchen in Hessen-Nassau und Kurhessen-Waldeck vorhanden.

1. Sprecher(in):
Wir bitten dich für die Menschen,
die ihr Leid nicht annehmen können,
die innerlich verbittert sind,
deren Herz angefüllt ist mit bitterem Groll.

Wir rufen und singen: Herr, erbarme dich!
Die Gemeinde singt: Herr, erbarme dich (EG 178.10).

2. Sprecher(in):
Wir bitten dich für die Trauernden,
die einen geliebten Menschen haben gehen lassen müssen
und die nun nicht mehr weiter wissen,
die sich unsicher und allein fühlen.

Wir rufen und singen: Herr, erbarme dich!
Die Gemeinde singt: Herr, erbarme dich (EG 178.10).

1. Sprecher(in):
Wir bitten dich für die Einsamen,
dass sie sich in ihrer Einsamkeit nicht aufgeben,
dass sie ein offenes Ohr finden für ihre Sorgen und Nöte
und dass sie den Mut haben, zu dir zu beten.

Wir rufen und singen: Herr, erbarme dich!
Die Gemeinde singt: Herr, erbarme dich (EG 178.10).

2. Sprecher(in):
Wir bitten dich für die,
denen es schwer fällt, zu dir zu beten,
die keine Worte finden, mit denen sie sich an dich wenden können.
Sei ihnen nahe und schenke ihnen deinen Geist,
der uns recht beten lehrt.

Wir rufen und singen: Herr, erbarme dich!
Die Gemeinde singt: Herr, erbarme dich (EG 178.10).

1. Sprecher(in):
Wir beten in der Stille
und nennen dir die Namen der Menschen,
die uns am Herzen liegen.

STILLE

Wir rufen und singen: Herr, erbarme dich!
Die Gemeinde singt: Herr, erbarme dich (EG 178.10).

LOBGEBET
Wir preisen dich, du Gott des Lebens.
Du hast deinen Sohn zu uns gesandt,
der sein Leben gab, damit wir leben können.
Er vergoss sein Blut für uns,
damit wir das Heil schauen.

EINSETZUNGSWORTE

VATER UNSER

AGNUS DEI (EG 190.2)

FRIEDENSGRUSS

AUSTEILUNG

DANKGEBET
Heilender Gott, du hast uns an deinem Tisch gestärkt
mit den Gaben des Lebens.
Im Brot und im Wein gibst du dich selbst für uns dar.
Wir danken dir, dass du uns aufrichtest
und dass du uns durch deine Gaben stärkst
für die Wege, die vor uns liegen.

LIED
> Wir gehn hinauf nach Jerusalem (EG 545,1–4[18])

SEGEN
> Gott über mir
> Gott unter mir
> Gott neben mir
> Gott in mir
>
> Gott segne dich auf deinem Weg.
> Gott heile deine Wunden und schütze deinen Glauben.
> Gott geleite dich auf deinem Weg ins Leben.

---

18 Nur im Regionalteil der Ev. Kirchen in Hessen-Nassau und Kurhessen-Waldeck vorhanden.

6 Der Engel, das unbegreifliche Wesen –
Abendgottesdienst zu Michaelis

MUSIK

BEGRÜSSUNG
Wir feiern heute Michaelis, das Fest des Erzengels Michael. Zugleich denken wir auch an alle anderen Engel, an diese ungreifbaren himmlischen Mächte, die so vielen Menschen wichtig sind, gerade heute. Engel stehen zurzeit hoch im Kurs. Engelbücher führen die Bestsellerliste religiöser Literatur an. Und das ist eigentlich gar nicht so erstaunlich. Denn wir leben in einer von Technik dominierten Welt. Fast alles ist heute entdeckt oder erforscht, das menschliche Erbgut, die Entstehung der Welt. Der Mond ist längst bereist, nun werden die Planeten erforscht. Je mehr wir das Leben entschlüsseln, desto größer wird die Sehnsucht nach dem Unerforschlichen, nach den eigentlichen Fragen des Lebens, nach dem, „was die Welt im Innersten zusammenhält". Eines dieser bleibenden Rätsel sind die Engel, Gestalten des Glaubens, die nicht bewiesen werden können, an deren Wirksamkeit wir aber glauben.

Sie begegnen uns auf unterschiedliche Weise. Sie behüten uns vor Unfall, sind uns nahe in der Gefahr. Oder sie verkünden uns Gottes Willen. Sie stehen uns bei oder stellen sich uns in den Weg, um uns vor falschen Schritten zu bewahren.

GESPRÄCH IN MURMELGRUPPEN
   („mein Erlebnis mit einem Engel")[19]
   Ich bitte Sie nun, sich Ihrem Nachbarn oder Ihrer Nachbarin zuzuwenden und gemeinsam ins Gespräch zu kommen über Ihre Erlebnisse mit einem Engel. Das Wissen um die Engel ist nicht zurückgegangen, es wurde vielmehr vertieft, je mehr die Welt entschlüsselt wurde. Vielleicht hat der eine oder die andere unter uns sogar schon mal einen Engel erlebt, wurde auf unerklärliche Weise gerettet, geführt. Mitten in der Not war auf einmal jemand, der Ihnen beigestanden hat. Ich vermute, Sie haben einiges zu erzählen.

LIED
   Gott, aller Schöpfung heilger Herr (EG 142)

PSALM 91
   Unter Gottes Schirm bin ich geborgen
   und unter dem Schutz des Allmächtigen bin ich wohl behütet.
   Er rettet mich, wenn der Jäger mich gefangen nimmt
   und heilt mich von todbringender Krankheit.
   Wie ein Vogel seine Jungen mit den Fittichen zudeckt,
   so kann ich in meiner Not zu ihm fliehen
   und finde Zuflucht unter seinen Flügeln.
   Gott ist mir wie ein Schild,
   der mich vor den Gefahren des Tages behütet
   und der mich schützt vor den Tücken der Nacht.
   Unter Gottes Schirm bin ich geborgen
   und unter dem Schutz des Allmächtigen bin ich wohl behütet.
   Er hat seinen Engeln befohlen,
   dass sie mich behüten
   auf allen meinen Wegen.

---

19 Dieses Gespräch kann auch zu einem späteren Zeitpunkt innerhalb des Gottesdienstes stattfinden: vor oder nach der Ansprache.

Sie werden mich auf ihren Schwingen tragen,
damit mein Fuß nicht an Steine stößt.
Deshalb werden mir die wilden Tiere nicht gefährlich
und die Schlange werde ich niedertreten.
Unter Gottes Schirm bin ich geborgen
und unter dem Schutz des Allmächtigen bin ich wohl behütet.

LIEDRUF
Gloria, gloria in excelsis Deo (EG 566[20])

GEBET
Herr, unser Gott,
du hast deinen Engeln befohlen,
dass sie uns behüten auf allen unseren Wegen.
Wir danken dir für diese deine Boten, die uns auf unerklärliche Weise begleiten und vor Unfall und Not bewahren.
Wir bitten dich: Lass uns deiner Wegleitung vertrauen,
damit wir dem Bösen widerstehen
und in Gefahren bewahrt bleiben.
Durch unseren Herrn Jesus Christus,
der mit dir und dem Heiligen Geist lebt und regiert
von Ewigkeit zu Ewigkeit.

SCHRIFTLESUNG (Numeri 22,21–35):
Da stand Bileam am Morgen auf und sattelte seine Eselin und zog mit den Fürsten der Moabiter, der Feinde Israels. Aber der Zorn Gottes entbrannte darüber, dass Bileam mit ihnen zog. Und sein Engel trat Bileam in den Weg, um ihm zu widerstehen. Er aber ritt auf seiner Eselin, und zwei Knechte waren mit ihm.

Und die Eselin sah den Engel Gottes auf dem Wege stehen mit einem bloßen Schwert in seiner Hand. Und die Eselin wich vom Weg ab auf das Feld; Bileam aber schlug sie, um sie wieder auf den Weg zu bringen. Da

---

20 EG 572 im Regionalteil der Ev. Landeskirche in Württemberg.

trat der Engel Gottes auf den Pfad zwischen den Weinbergen, wo auf beiden Seiten Mauern waren. Und als die Eselin den Engel sah, drängte sie sich an die Mauer und klemmte Bileam den Fuß ein an der Mauer, und er schlug sie noch mehr. Da ging der Engel Gottes weiter und trat an eine enge Stelle, wo kein Platz mehr war auszuweichen, weder zur Rechten noch zur Linken. Und als die Eselin den Engel sah, ging sie in die Knie. Da entbrannte der Zorn Bileams, und er schlug die Eselin mit dem Stecken.

Da tat Gott der Eselin den Mund auf, und sie sprach zu Bileam: Was hab ich dir getan, dass du mich nun dreimal geschlagen hast? Bileam aber sprach zur Eselin: Weil du Mutwillen mit mir treibst! Ach dass ich jetzt ein Schwert in der Hand hätte, ich wollte dich töten! Die Eselin sprach zu Bileam: Bin ich nicht deine Eselin, auf der du geritten bist von jeher bis auf diesen Tag? War es je meine Art, es so mit dir zu treiben? Er sprach: Nein.

Da öffnete Gott Bileam die Augen, dass er den Engel auf dem Wege stehen sah mit einem bloßen Schwert in seiner Hand, und er neigte sich und fiel nieder auf sein Angesicht. Und der Engel sprach zu ihm: Warum hast du deine Eselin nun dreimal geschlagen? Siehe, ich habe mich aufgemacht, um dir zu widerstehen; denn dein Weg ist verkehrt in meinen Augen. Und die Eselin hat mich gesehen und ist mir dreimal ausgewichen. Wenn sie mir nicht ausgewichen wäre, so hätte ich dich getötet, aber die Eselin am Leben gelassen.

Da sprach Bileam zu dem Engel: Ich habe gesündigt; ich hab's ja nicht gewusst, dass du mir entgegenstandest auf dem Wege. Und nun, wenn dir mein Vorhaben nicht gefällt, will ich wieder umkehren. Der Engel aber sprach zu ihm: Zieh nur hin mit den Männern, aber du sollst nichts anderes reden, als was ich zu dir sagen werde. So zog Bileam mit den Fürsten des König Balak.

LIED
: Es müssen nicht Männer mit Flügeln sein[21]

PREDIGT
: Sie sind zu Beginn des Gottesdienstes miteinander ins Gespräch gekommen über Ihre Erlebnisse mit Engeln. Vermutlich hat sich schnell gezeigt, dass viele unter uns ganz unterschiedliche Vorstellungen von Engeln haben. Die einen werden sagen, dass Engel himmlische, also unsichtbare Wesen sind, die unsere Augen in der Regel nicht erkennen können. Andere werden die Frage stellen, ob Engel nicht auch Menschen aus Fleisch und Blut sein können, die uns zur Hilfe kommen, die uns vor einer Gefahr bewahren und sich darin als Boten erweisen, die uns Gott schickt.

Die einen werden an den Schutzengel denken, der unsere Hand oder unseren Fuß geführt hat, als wir einem Unfall gerade so entgangen sind. Andere werden die Frage stellen, ob es gar beides gibt, die himmlischen Engel, die auf uns achten, die da sind, um uns zu bewahren. Und auch die Menschen, die uns zum Engel werden, weil sie da sind, wenn wir sie brauchen.

Wenn ich über Engel nachdenke, dann ist mir wichtig, dass sie in erster Linie Boten sind – von Gott zu uns gesandt. Sie können uns deshalb zur Hilfe kommen, uns vor Gefahr bewahren, uns auf ihren Händen tragen, dass wir uns nicht verletzen, wie wir es in der Psalmlesung gehört haben. Oder sie können uns wieder aufrichten, wo wir an unsere Grenzen gekommen sind, ermattet und ausgebrannt. Aber Gottes Boten können auch streng sein, furchterregend. Sie können uns in den Weg treten und uns ein Ziel nicht erreichen lassen, das wir in den Blick genommen haben.

---

21 Das Liederbuch, 5.

Wie auch immer wir uns die Engel vorstellen: Wer über sie nachdenkt, dem fallen Geschichten ein. Wer über Engel spricht, erzählt von bestimmten Erlebnissen. Und so steht im Mittelpunkt der heutigen Predigt auch eine Geschichte, die sich um den Propheten Bileam, seine Eselin und einen Engel rankt. Es ist eine der spannendsten Engelerzählungen der Bibel. Wenn wir uns auf diese Geschichte einlassen, dann mag unser Blick geschärft werden für das Wirken der Engel auch in unserem Leben.

Bileam, der weithin bekannte Mann Gottes, ist es gewohnt, dass Menschen zu ihm kommen und ihn um Hilfe bitten. Obwohl er selbst doch gar nicht helfen kann, sondern nur im Namen Gottes. Immer wieder kommen ganz einfache Menschen zu ihm in ihrer Not, mit ihrem Kummer, mit ihrer Sorge. Menschen, die arm sind, bedürftig.

Heute aber sind zu ihm vornehme Männer gekommen aus einem fernen Land, keine kranken oder Not leidenden Menschen wie sonst. Und sie bitten ihn auch nicht darum, stellvertretend für sie zu Gott zu beten um Segen oder um Heilung. Sie wollen, dass er in Gottes Namen einen Fluch ausspricht, einen Fluch über ein ganzes Volk.

Bileam weiß gar nicht, was er dazu sagen soll. Er muss erst einmal den Hintergrund dieser seltsamen Bitte verstehen. Er muss sich ein Bild von der Situation machen, in die hinein der Fluch gesprochen werden soll. Er fragt die Gesandten aus und erfährt nach und nach, dass der König der Moabiter auf die Idee kam, ihn zu bitten, einen Fluch auszusprechen. Und der gewünschte Fluch solle das Volk Israel treffen, das Volk also, das vor wenigen Jahren erst auf wundersame Weise aus der Knechtschaft in Ägypten befreit worden war.

Offenbar hegte der Moabiterkönig die Vorstellung, dass der Fluch eines heiligen Mannes magische Kräfte besitzt und ein ganzes Volk schwächen kann. Und so schickte er eine Gesandtschaft zu Bileam, um das Volk Israel mit einem Fluch zu belegen.

Je mehr Bileam aber über dieses Ansinnen nachdenkt, desto unwohler wird ihm bei dem Gedanken. Konnte und durfte er denn einen solchen Fluch aussprechen? Würde ein solcher Fluch solche negativen Kräfte entfalten, wie sich das der König der Moabiter vorstellte? Dahinter stand doch eine seltsam magische Vorstellung von der Wirksamkeit eines Fluches.

Und doch wissen auch wir von der Macht gerade der bösen Worte. Wir wissen darum, wie wir verletzt sind, wenn über uns schlecht geredet wird. Ein falsches Gerücht bleibt lange im Gedächtnis und ist längst nicht aus der Welt, wenn es sich als unwahr erwiesen hat. Worte können eine solche Wirkung erzielen, dass sie zuletzt sogar ein ganzes Volk bedrohen: Ausgerechnet das jüdische Volk, die Nachkommen derer, die nach den Plänen des Königs der Moabiter verflucht werden sollten, wurde Opfer solcher falschen Gerüchte und Verleumdungen. Auf diesem Nährboden konnte sich über Jahrhunderte hinweg der Antisemitismus entwickeln, kam es zu Pogromen und schließlich zur Unterdrückung, Vertreibung und millionenfachen Ermordung der Juden während der NS-Zeit. Noch bis heute haben die verleumderischen Worte und antisemitischen Vorurteile auf erschreckende Weise Kraft.

Bileam muss eine Ahnung davon gehabt haben, welche Wirkungen sein Fluch haben könnte. Deshalb schlägt er das Ansinnen der moabitischen Gesandtschaft aus. Er will nicht die Männer und Frauen verfluchen, die Gott zu seinem Volk erwählt hatte. Und doch weiß Bileam nicht recht, wie er mit den vornehmen Gesandten umgehen soll. Er schickt sie zunächst weg. Aber bald kommen neue Abgesandte, noch vornehmere Männer, die noch stärker darauf dringen, dass Bileam mit ihnen ziehen und das Volk Israel verfluchen solle.

Und schließlich drängt Bileam seine kritischen Gedanken zur Seite. Nun ist er bereit, sich zum Handlanger der Mächtigen zu machen gegen das Volk Israel. Und so sattelt er seine alte Eselin und macht sich auf den Weg ins Land der Moabiter. Er zieht mit den vornehmen Gesandten den weiten Weg vom Euphrat bis zum Toten Meer. Und Gott lässt ihn ziehen, lässt ihn einen Weg einschlagen, der in seinen Augen nur falsch sein kann, so wie Gott ja auch bei uns zulässt, wie wir manchen falschen Weg, manchen Umweg unter die Füße nehmen, manchen Fehler machen.

Gott lässt auch Bileam diese Freiheit. Vielleicht wird er sich ja noch besinnen. Der Weg ist ja lang; vielleicht kommt der Mann Gottes während der langen Tage oder in einer schlaflosen Nacht noch zur Vernunft. Denn dass es einem ganzen Volk übel ergehen soll, das kann doch nicht der Wille Gottes sein. Und deshalb kann es auch nicht die Aufgabe eines Propheten sein, ein ganzes Volk zu verfluchen.

Aber Bileam wird der Weg nicht zu lang. Auf dem Rücken seiner treuen Eselin lässt es sich gut reisen. Er denkt nicht daran, den eingeschlagenen Weg abzubrechen und umzukehren. Und so nähert er sich schließlich dem Land der Moabiter. Er gleicht damit vielleicht dem einen oder der anderen unter uns. Auch wir wollen in der Regel einen einmal eingeschlagenen Weg fortsetzen, unseren Willen durchsetzen, ein Vorhaben zu Ende führen, ohne recht zu bedenken, ob es wirklich gut oder richtig ist.

Weil Bileam nicht von selbst zur Vernunft kommt und den eingeschlagenen Weg überdenkt, braucht er einen Anstoß. Und so sendet Gott einen Boten, einen Engel, der sich Bileam in den Weg stellt mit bedrohlich gezücktem Schwert. Aber Bileam sieht den Engel nicht. Nur seine Eselin hat wachsame Augen und nimmt den Boten Gottes wahr, wie er ihnen den Weg versperrt. Sie scheut, weicht vom Weg ab und geht in einem Bogen über das Feld um den Engel herum. Bileam begreift nicht, was hier eigentlich geschieht und schlägt deshalb das scheinbar störrige Tier. Ihm reicht der erste Anstoß nicht, er kommt nicht ins Grübeln, als sein Reittier den Weg verlässt.

Da tritt ihm der Engel ein zweites Mal entgegen, als der Weg sich zu einem engen Pfad verengt und zwischen den Mauern der Weinberge kaum noch ein Durchkommen ist. Und wieder sieht Bileam den Engel nicht, allein die Eselin erkennt den Boten Gottes. Nur mit Mühe gelingt es ihr, dem Engel auszuweichen. Doch dabei wird Bileams Fuß eingeklemmt und der schlägt wütend auf sein Reittier ein. Er sieht nur seinen eingeklemmten Fuß, seine eigene Verletzung und kann den dahinter liegenden Grund nicht wahrnehmen. Bileam hat sein Ziel so fest ins Auge gefasst, dass er das Naheliegende übersieht, die Frage nach dem Warum, nach der inneren Bedeutung des Geschehens.

So muss sich der Engel ihm ein drittes Mal entgegenstellen, als der Weg so eng wird, dass nun gar kein Durchkommen mehr ist, weder zur Rechten noch zur Linken. Das arme Reittier weiß nicht mehr aus noch ein und geht schließlich in die Knie vor dem Boten Gottes. Bileam wird nun noch zorniger. In seinen Augen versucht die störrische Eselin, ihn zu Boden werfen. Er will seinen Weg fortsetzen und kann es nicht ertragen, daran gehindert zu werden. Warum muss denn heute alles schief gehen? Warum hat er ein solch störrisches Reittier, das nicht gehorcht? Er nimmt einen Stecken und schlägt das Tier, so wie so mancher seine Wut gern an anderen auslässt, wenn ihm etwas nicht gelingt.

So wie Bileam ergeht es auch uns immer wieder in unserem Leben: Wir haben uns ein Ziel gesteckt, haben einen Weg fest vor Augen. Doch aus irgendwelchen Gründen gelangen wir nicht dorthin, wohin wir wollen. Je mehr wir an dem eingeschlagenen Weg festhalten, je mehr wir das angestrebte Ziel erreichen wollen, desto mehr entzieht es sich uns. Wir sind dann ratlos, zornig, hadern mit unserem Schicksal. Wir suchen dann vielleicht nach Schuldigen, nach Menschen, die uns den Weg verbaut haben. Wie Bileam können wir wütend werden und ungerecht.

Statt sich die Frage zu stellen, ob die Schwierigkeiten auf dem Weg einen tieferen Sinn haben, beginnt Bileam in Gedanken ein Zwiegespräch mit seiner Eselin, macht ihr Vorwürfe, dass sie störrisch sei, ihm nicht den notwendigen Respekt entgegenbringe.

Doch auf einmal werden Bileam die Augen und Ohren geöffnet. Er kann auf die Worte des Esels hören und vor allem kann er den Engel sehen, der mit bloßem Schwert vor ihm steht. Nach und nach wird ihm klar, wie unsinnig sein Zorn gewesen war, welches Unrecht er seiner Eselin angetan hatte. Bileam erkennt, wie verbohrt er gewesen war, wie blind ihn sein Eifer gemacht hatte. Er hatte nicht sehen wollen, dass er einen falschen Weg eingeschlagen hatte. Und zuletzt hatte er nicht begreifen wollen, dass ihm ein göttlicher Bote entgegengetreten war, um ihn vor einem großen Fehler zu bewahren, den Fluch über das Volk Israel auszusprechen.

Unserer Frage nach den Engeln fügt diese Geschichte vielleicht einen weiteren Aspekt hinzu: Engel sind nicht nur die tröstenden und bewahrenden Boten, die sich um uns kümmern und uns stärken. Engel können uns auch in den Weg treten, sie können uns in unserem Tun behindern. Vielleicht sind wir schon manchem Engel begegnet, über den wir uns geärgert haben. Vielleicht ist uns schon jemand zum Engel geworden, der uns eine Tür versperrt hat. Erst viel später haben wir dankbar erkennen können, wie gut es war, nicht diesen Weg genommen und nicht diese Tür geöffnet zu haben.

Lassen Sie uns also wachsam sein und nach den Engeln Ausschau halten, auch nach denen, die uns den Weg versperren. Vielleicht ist mancher Stolperstein, manche Krise, in die wir geraten, manche Behinderung, die wir erfahren, auf das Wirken eines Engels zurückzuführen. Ja selbst eine Krankheit kann ein Grund sein, eingefahrene Gewohnheiten zu überdenken, Entscheidungen in Frage zu stellen, noch einmal von vorn zu denken beginnen. Wo wir die Hindernisse auf unseren Wegen nach ihrem tieferen Grund befragen, da sind wir den göttlichen Boten auf der Spur.

LIED

Welcher Engel wird uns sagen, dass das Leben weitergeht (EG 559[22])

FÜRBITTEN

1. Sprecher(in):
Du bist uns nahe in deinen Engeln, treuer Gott.
Du sendest sie uns, damit sie uns begleiten auf unseren Wegen
und unsere Füße bewahren vor dem Fallen.
Wir danken dir für diese guten Mächte,
die uns auf wundersame Weise umgeben.

2. Sprecher(in):
Wir bitten dich für die Menschen,
die einsam und allein gelassen sind.
Sende ihnen den Engel der Begleitung,
der ihnen die frohe Botschaft verkündet,
dass du ihnen nahe bist.

1. Sprecher(in):
Wir bitten dich für die Menschen, die nicht weiter wissen,
die hin- und hergerissen sind und sich fragen,
welche Entscheidung gut und welcher Weg richtig ist.

---

[22] Nur im Regionalteil der Ev. Kirchen in Hessen-Nassau und Kurhessen-Waldeck vorhanden.

Sende ihnen den Engel der Weisung,
der ihre Schritte leitet oder sich ihnen in den Weg stellt.

2. Sprecher(in):
Wir bitten dich für die Menschen, die sich nicht zugehörig fühlen,
die ihre Arbeit verloren haben oder ihre Heimat verlassen mussten.
Sende ihnen den Engel der Hoffnung,
der ihnen wie ein Licht ist in dunkler Nacht
und ihnen wieder eine Perspektive für die Zukunft schenkt.

1. Sprecher(in):
Wir bitten dich für die Menschen, die um einen Angehörigen trauern,
der ihnen genommen wurde.
Sende ihnen einen Engel des Trostes,
der sie wieder aufrichtet und stärkt und der sie begleitet in ihrer Trauer.

STILLE

VATER UNSER

LIED
   Ach Herr, lass dein lieb' Engelein (EG 397,3)

SEGEN

MUSIK

7 In der Erde verwurzelt –
Abendgottesdienst mit dem Symbol der Erde

Im Kirchenraum sind drei Stationen aufgebaut. An einer befindet sich ein Korb mit dunkler Erde und einer mit Sand. An einer weiteren Station ist ein Korb mit Blumen gerichtet. Am Taufstein steht ein mit Wasser gefüllter Krug. Der Altar ist zum Abendmahl gedeckt.

MUSIK

BEGRÜSSUNG UND EINSTIMMUNG
>Wir sind heute Abend in den geschützten Raum der Kirche gekommen,
>um Ruhe zu finden und Stärkung der Seele.
>Heute sind wir eingeladen, uns zu freuen an der schönen Erde,
>zu staunen über den Reichtum der Schöpfung.
>Wir wollen dies mit allen Sinnen tun.
>Wir wollen den Reichtum der Erde sehen,
>schmecken, riechen, spüren.
>Deshalb wollen wir heute Abendmahl feiern
>mit Brot und mit Wein,
>mit den Früchten der Erde.

LIED
>Freuet euch der schönen Erde (EG 510,1–4)

PSALM 104

1. Sprecher(in):
Lobe den Herrn, meine Seele:
Du bist erhaben, schön und festlich gekleidet.
Aus Licht ist der Mantel, der dich umhüllt.
Und wie ein Teppich breitet sich der Himmel aus zu deinen Füßen.
Du thronst über dem Regen
und fährst auf den Wolken,
als trage der Wind dich auf seinen Flügeln.
Wie Boten schickst du die Winde vor dir her
und machst die Feuerflamme zu deinem Diener.

2. Sprecher(in):
Lobe den Herrn, meine Seele:
Denn du hast die Erde festlich gekleidet.
Du ließest die Berge sich zusammenfalten
und die Täler sich hinabsenken.
Du hast eine Grenze gesetzt
zwischen dem Meer und dem festen Land,
damit die Wasser das Land nicht bedecken.

1. Sprecher(in):
Lobe den Herrn, meine Seele:
Denn du hast Feld und Wald festlich gekleidet.
Deine Hand macht das Land fruchtbar,
lässt die Weiden grünen
und auf dem Acker den Weizen wachsen.
Du lässt die Saat gedeihen und den Wein reifen.

2. Sprecher(in):
Lobe den Herrn, meine Seele:
Denn du hast das Firmament festlich gekleidet.
In deinem Namen teilt der Mond das Jahr in Monate.
Und die Sonne lässt du auf- und absteigen,
dass sie den Tag von der Nacht scheidet.
Deine Werke sind groß und viel
und weise hast du sie geordnet.

1. Sprecher(in):
Lobe den Herrn, meine Seele:
Denn alles, was lebt, hast du festlich gekleidet,
du gibst allen ihre Speise zur rechten Zeit,
und mit deiner Hand sättigst du deine Geschöpfe.
Sie leben aus deiner Güte
und ohne deinen heiligen Geist müssen sie wieder zu Staub werden.
Mit dem Hauch deines Geistes hast du alles geschaffen
und erneuerst täglich die Gestalt die Erde.
Lobe den Herrn, meine Seele,
denn erhaben und schön hast du alles bereitet.

LIEDRUF
Freuet euch im Herrn (EG 789.3[23])

KYRIE

Wie sollen wir uns freuen an der schönen Erde,
die doch bedroht ist?
Wie sollen wir uns an der Natur freuen,
deren Klima sich wandelt?
Wie können wir uns an der Erde freuen,
die zerfurcht und verwundet ist?
Gott hat uns die Schöpfung geschenkt,
damit wir sie bewahren,
doch wir beuten sie aus,
auch ich trage dazu bei,
dass ihre Schönheit vergeht.
Darum bitten wir Gott um Erbarmen und singen:
Kyrie eleison, Herr erbarme dich!

LIEDRUF
Kyrie, Kyrie eleison (EG 178.12)

---

23 EG 579 im Regionalteil der Ev. Kirche im Rheinland, der Ev. Kirche von Westfalen und der Lippischen Landeskirche sowie der Ev.-reformierten Kirchen in Bayern und Nordwestdeutschland und der Ev.-altreformierten Kirche in Niedersachsen. EG 698 im Regionalteil der Ev.-Lutherischen Kirchen in Bayern und Thüringen.

GLORIA
Trotz allem können wir uns freuen an der schönen Erde.
Wir wollen uns nicht daran hindern lassen,
über die Vielfalt der Schöpfung zu staunen.
Über die Kraft der Sonne, über das Licht des Mondes
und der Sterne.
Wir staunen über die Erde mit ihrem Reichtum,
über die Vielfalt ihrer Früchte,
die Pracht der Blumen, über die Körner auf den Feldern,
den Wein an den sonnigen Hängen.
Trotz allem gibt es noch immer Grund,
uns zu freuen an der Schönheit der Erde.
Darum lasst uns Gott danken und seinen Namen
loben:
Laudate omnes gentes – Lobt Gott, ihr Völker, alle!

LIEDRUF
Laudate omnes gentes (EG 181.6)

GEBET
1. Sprecher(in):
Lasst uns beten mit Worten des Franz v. Assisi:
Du höchster, allmächtiger, guter Gott,
dein sind der Lobpreis,
der Ruhm und die Ehre
und jeglicher Dank.

2. Sprecher(in):
Gelobt seist du, mein Gott,
mit allen deinen Geschöpfen,
vor allem durch Schwester Sonne,
der edlen Herrin,
die uns den Tag heraufführt
und Licht spendet mit ihren Strahlen.
Sie ist gar prächtig und voller Glanz,
ein Gleichnis deiner Erhabenheit.

3. Sprecher(in):
Gelobt seist du, mein Gott,
durch Bruder Mond und die Sterne.
Durch dich funkeln sie am Himmelszelt
und leuchten uns klar und schön.

1. Sprecher(in):
Gelobt seist du, mein Gott,
durch Bruder Wind und durch die Luft
und die Wolken.
Durch sanftes oder kaltes Wetter,
durch das du deinen Geschöpfen gibst
Nahrung und Speise.

2. Sprecher(in):
Gelobt seist du, mein Gott,
durch Schwester Wasser,
wie ist es nütze in seiner Demut,
wie köstlich und rein.

3. Sprecher(in):
Gelobt seist du, mein Gott,
durch Bruder Feuer,
durch den du zur Nacht uns leuchtest.
Schön und freundlich ist er am wohligen Herde,
mächtig als lodernder Brand.

1. Sprecher(in):
Gelobt seist du, mein Gott,
durch unsere Schwester, die Mutter Erde,
die gütig und stark uns trägt,
die allerlei Früchte hervorbringt,
farbige Blumen und saftiges Gras.

2. Sprecher(in):
Gelobt seist du, mein Gott,
durch die, die imstande sind zu verzeihen
und geduldig Krankheit und Trauer tragen.

3. Sprecher(in):
Gelobt seist du, mein Gott,
durch unseren Bruder, den leiblichen Tod;
ihm kann kein lebender Mensch entrinnen.
Selig, die er findet, im Einklang mit
deinem heiligen Willen.
Denn der zweite Tod
kann ihnen kein Leid antun.

LIED
Laudato si, o mi signore (EG 515,1–5)

ANSPRACHE
(mit drei Sprechern zu den Symbolen Erde, Wasser und Blumen)

Die drei Sprecher(innen) stellen sich an unterschiedlichen Orten innerhalb des Kirchenraumes auf: z.B. am Taufstein, am Lesepult und im Mittelgang oder dort, wo die Stationen aufgebaut sind.

1. Sprecher(in)
(nimmt dunkle, fruchtbare Erde in die Hand):

Schriftlesung nach Genesis 1:
Am Anfang schuf Gott Himmel und Erde.
Und die Erde war wüst und leer, und es war finster auf der Tiefe.
Aber der Geist Gottes schwebte über dem Wasser.
Und Gott sprach: Es werde Licht! Und es ward Licht.
Und Gott ließ das Wasser sich sammeln an einem Ort und schied es vom festen Land.
Und er nannte das Land Erde, das Wasser aber nannte er Meer.
Und Gott sah, dass es gut war.
Und Gott sprach: Es lasse die Erde aufgehen Kräuter und Gräser, die Samen hervorbringen, ein jedes nach seiner Art. Und es sollen auf der Erde wachsen frucht-

bare Bäume, die Früchte tragen ein jedes nach seiner Art. Und Gott sah, dass es gut war.

Wenn ich diese dunkle Erde in die Hand nehme, dann kann ich ahnen, wie gut es ist, in solch fruchtbarer Erde verwurzelt zu sein. Solche Erde lässt Kräuter und Gras wachsen, Bäume und Sträucher finden darin reichlich Nahrung. Wir wissen, dass nicht jede Erde so schwer und feucht ist, so nahrhaft und dunkel. Die Erde kann austrocknen, die Nährstoffe können ihr entzogen werden. Und so gibt es ausgelaugte Erden, sandige Böden, Steppen und Wüsten. Aber auf jeder Art von Erde können besondere Pflanzen wachsen, wenn der Regen sie feuchtet und ihr Nahrung zugeführt wird. Selbst in der Steppe gibt es Pflanzen; sie haben sich den Bedingungen angepasst, graben ihre Wurzeln tief in den Boden, um Nahrung und Wasser zu finden.

So unterschiedlich die verschiedenen Erden sind, so unterschiedlich sind auch die Untergründe, auf denen jeder einzelne von uns steht. Im Bild gesprochen ist jeder von uns in einem anderen Boden verwurzelt. Wenn wir uns zurückwenden und uns erinnern, dann mögen wir uns daran erinnern, wie wir verwurzelt sind in unterschiedlichem Boden. Wir haben Nahrung gefunden wie eine Pflanze in kühler, dunkler Erde. Wir haben aber auch manchmal unsere Wurzeln verzweifelt ausgestreckt und sehnsüchtig nach Nahrung gesucht. Uns schien der Boden ausgelaugt, auf dem wir standen. Vielleicht haben wir andere beneidet, die uns an einem besseren Ort aufzuwachsen schienen, die mit mehr Gaben beschenkt den Weg ins Leben gehen konnten.

Wenn wir nachher diese Erde in die Hand nehmen, dann mag sie uns aber auch dankbar machen, dass wir einen Ort auf dieser Erde haben, an den wir gehören, auf dem wir stehen, der uns zur vertrauten Heimat geworden ist.

MUSIK

2. Sprecher(in)
(gießt Wasser aus einem Krug in den Taufstein):
Schriftlesung nach Jesaja 44:
So spricht Gott, der Herr:
Ich habe dich erschaffen und gebildet,
von Mutterleibe an habe ich dir geholfen.
Darum fürchte dich nicht.
Denn ich will Wasser gießen auf das Durstige
und Ströme auf das Dürre.
Ich will meinen Geist auf deine Kinder gießen
und meinen Segen auf deine Nachkommen,
dass sie wachsen wie Gras am frischen Wasser
und wie Weiden an den Bächen.

Wenn ich Wasser ausgieße oder es mit der hohlen Hand schöpfe, dann spüre ich, wie es mich erfrischen kann. Wasser stillt Durst und gibt dem Erschöpften wieder neue Kraft. Ohne Wasser könnte auf der Erde nichts wachsen. Alles Leben braucht Wasser, damit es leben kann. Wasser ist der Ursprung allen Lebens. Darum wurden wir einst mit Wasser getauft, als Zeichen für Gottes Segen. Wie Wasser erst Leben ermöglicht und der Regen Pflanzen wachsen lässt, so ist es der göttliche Segen, der unser Werk gelingen lässt und unser Leben zum Ziel führt. Wenn wir unsere Hand in das Wasser halten und das kühle Nass spüren, dann bekommen wir eine Ahnung davon, was es bedeutet, mit dem Wasser getauft zu werden: Gott will uns segnen und mit neuer Kraft beschenken. Wasser ist ein schönes Bild für die göttlichen Segenskräfte. Segen ist wie ein Sommerregen, der trockenes Land befeuchtet, der Leben ermöglicht, Wachstum und Gedeihen. Segen ist wie ein Bad in einem kühlen See, das graue Gedanken vertreibt und die Seele erquickt. Segen ist wie ein Schluck Wasser an einem heißen Tag, das die Glieder erfrischt und neue Kraft schenkt.

Wie oft aber sind wir ausgelaugt, wie ein dürrer Boden und sehnen uns nach Erfrischung? Die Tretmühle des Alltags kann uns innerlich zermürben. Wir fühlen, wie wir inwendig verdorren, wenn ein Tag dem anderen gleicht, eine Woche der nächsten. Allmählich vertrocknen wir immer mehr. Wie gut täte es uns, wenn wir einen Weg zum frischen Wasser fänden, zu einer Quelle, die uns wieder aufatmen lässt, Freude, die uns endlich wieder den Blick heben lässt. Kurz, wir sehnen uns nach dem Segen Gottes, der uns wie ein wohltuender Sommerregen erfrischt. Wir wollen wieder gesegnet werden, damit unser Werk wirklich gelingt.

Da ist es gut zu hören, dass Gott uns verspricht: „Ich will meinen Geist auf dich gießen und meinen Segen auf euch geben, dass ihr wachst wie Gras am frischen Wasser und wie Weiden an den Bächen."

Musik

3. Sprecher(in)
(*mit einer bunten Sommerblume in der Hand*):

Schriftlesung nach Matthäus 6:
Jesus Christus spricht:
Darum sage ich euch: Sorgt euch nicht um euer Leben, was ihr essen und trinken werdet;
auch nicht um euren Leib, was ihr anziehen werdet.
Ist nicht das Leben mehr als die Nahrung und der Leib mehr als die Kleidung?
Warum sorgt ihr euch um die Kleidung? Schaut die Lilien auf dem Felde an, wie sie wachsen:
Sie arbeiten nicht, auch spinnen sie nicht. Ich sage euch, dass selbst Salomo in aller seiner Herrlichkeit nicht gekleidet war, wie eine von ihnen. Wenn nun Gott das Gras auf dem Felde so kleidet, das doch heute steht und morgen in den Ofen geworfen wird: Sollte er das nicht viel mehr für euch tun?

Wenn ich eine Blume in die Hand nehme, dann freue ich mich an ihrer Schönheit. Gott lässt die Erde nicht nur Nahrung hervorbringen, durch die wir gesättigt werden. Er hat die Erde schön geschmückt mit einem großen Reichtum. Sie soll nicht nur Nützliches hervorbringen, nicht nur Nahrung für Mensch und Vieh, sondern auch Blumen, die Auge und Herz erfreuen. Und so sind die Blumen ein Symbol für die Großzügigkeit Gottes, der uns viel mehr gibt, als wir brauchen.

Die Blume ist das Symbol der Schönheit. Die Lilien auf dem Felde sind weit schöner gekleidet als es einst König Salomo war in seiner Herrlichkeit. Diese Schönheit haben die Blumen nicht aus sich selbst. Denn sie tun nichts dafür, dass sie so schön sind. Sie arbeiten nicht, sie spinnen sich nicht ihr Kleid. Und doch werden sie mit ihrer Schönheit beschenkt. Darum sind Blumen ein Zeichen für die Fülle des Lebens, die wir aus Gottes Hand empfangen.

Blumen halten die Erinnerung an das Paradies aufrecht, als der Mensch noch nicht im Schweiße seines Angesichts arbeiten und sich für das tägliche Brot abmühen musste. Jede Blume erinnert daran, dass das Leben mehr ist als Mühe und Arbeit. Die Blumen geben uns die Hoffnung, dass es eine Rückkehr in das Paradies geben wird, eine Auferstehung durch Tod und Sterben hindurch. Darum schmücken wir unsere Gräber mit Blumen in der Hoffnung, dass das Leben einst siegen möge über den Tod.

LIED
Die Erde ist des Herrn (EG 634[24])

---

24 EG 623 im Regionalteil der Ev.-Lutherischen Kirchen in Niedersachsen und der Bremischen Ev. Kirche. EG 677 im Regionalteil der Ev. Kirche im Rheinland, der Ev. Kirche von Westfalen und der Lippischen Landeskirche sowie der Ev.-reformierten Kirchen in Bayern und Nordwestdeutschland und der Ev.-altreformierten Kirche in Niedersachsen. EG 654 im Regionalteil der Ev.-Lutherischen Kirchen in Bayern und Thüringen. EG 659 im Regionalteil der Ev. Landeskirche in Württemberg und im Regionalteil der Ev. Landeskirche in Baden und der Ev. Kirche der Pfalz.

LOBGEBET
> (*Liturg nimmt die gefüllte Brotschale und später den Weinkelch in die Hand*)

Wir loben dich Gott, du Schöpfer allen Lebens.
Du schenkst uns dieses Brot, die Frucht der Erde und unserer Hände Arbeit.
Lass es uns zum Brot des Lebens werden.

Und du schenkst uns diesen Wein,
Frucht des Weinstocks und unserer Hände Arbeit.
Lass ihn uns zum Kelch des Heils werden.

EINSETZUNGSWORTE

WANDELKOMMUNION (mit 5 Stationen):
> *Die Teilnehmenden werden aufgefordert, sich auf einen Weg zu begeben, der sie an die verschiedenen Stationen und an den Altar führt. Ein(e) Mitarbeiter(in) leitet sie an und spricht ihnen am Schluss ein Segenswort zu bzw. reicht die Elemente mit dem Spendewort.*

1. Station (Erde):
Die Teilnehmenden werden aufgefordert, mit der Hand in Erde zu fassen und ihre Beschaffenheit zu spüren. Anschließend wird ihnen ein Segenswort zugesprochen: Gott segne dich an dem Ort, an den er dich gestellt hat!

2. Station (Wasser):
Den Teilnehmenden wird am Taufstein ein Kreuz auf die Stirn gezeichnet mit dem Segenswort: Gott spricht zu dir: Ich habe dich bei deinem Namen gerufen, du bist mein!

3. Station (Brot):
An der linken Altarseite wird das Brot gereicht mit dem Spendewort: Christi Leib, für dich!

4. Station (Wein):
An der rechten Altarseite wird der Kelch gereicht mit dem Spendewort: Christi Blut, für dich!

5. Station (Blumen):
Den Teilnehmenden wird eine Blume in die Hand gegeben mit dem Segenswort: Gott sorgt für dich!

FÜRBITTEN

1. Sprecher(in):
Herr, unser Gott,
wir danken dir, dass du uns stärkst
durch dein Wort,
durch deine Nähe,
durch deinen Trost.
Wir bitten dich,
dass wir fest verwurzelt bleiben
in der guten Erde, die du uns schenkst.

Wir rufen: Herr, erbarme dich!
Die Gemeinde singt: Herr, erbarme dich (EG 178.10).

2. Sprecher(in):
Herr, unser Gott,
stärke unsere Herzen,
dass wir fest verwurzelt bleiben
an dem Ort, an den du uns gestellt hast.
Auf dass wir wieder aufblühen
und den Wert des eigenen Lebens schätzen,
ohne andere gering zu achten.

Wir rufen: Herr, erbarme dich!
Die Gemeinde singt: Herr, erbarme dich (EG 178.10).

1. Sprecher(in):
Herr, unser Gott,
stärke unsere Herzen,
dass wir fest verwurzelt bleiben,
in der guten Erde, die du uns schenkst,
dass wir dem Guten Raum geben
und im Vertrauen auf deine Kraft

uns einsetzen für die Bewahrung der Schöpfung
und eine gerechtere Verteilung der Schätze,
die uns deine Erde schenkt.

Wir rufen: Herr, erbarme dich!
Die Gemeinde singt: Herr, erbarme dich (EG 178.10).

2. Sprecher(in):
Herr, unser Gott,
stärke unsere Herzen,
dass wir fest verwurzelt bleiben
in der guten Erde, die du uns schenkst,
dass wir Früchte tragen
und andere daran teilhaben lassen,
dass wir uns einsetzen für die Menschen,
die du uns zu unseren Nächsten bestimmt hast.

Wir rufen: Herr, erbarme dich!
Die Gemeinde singt: Herr, erbarme dich (EG 178.10).

1. Sprecher(in):
Herr, unser Gott,
stärke unsere Herzen,
dass wir fest verwurzelt bleiben
in der guten Erde, die du uns schenkst,
dass wir stark werden und fest bleiben,
damit uns zugefügte Verletzungen nicht bitter machen,
sondern offen für die Wunden anderer.

Wir rufen: Herr, erbarme dich!
Die Gemeinde singt: Herr, erbarme dich (EG 178.10).

2. Sprecher(in):
Herr, unser Gott,
wir nennen dir in der Stille,
was uns hindert,
was uns quält:

STILLE

Vater unser

Segen

Musik

8 | *Wieder heil werden* –
Meditativer Abendgottesdienst mit wohltuenden Ritualen

MUSIK

BEGRÜSSUNG UND EINSTIMMUNG
Im Namen Gottes, der uns das Leben schenkt,
im Namen des Sohnes, der uns zum Leben führt,
und im Namen des Heiligen Geistes, der unsere Verletzungen heilt.

Wir wollen heil werden und geheilt leben. Darum sind wir hierher gekommen in einen Raum mit wohltuender Atmosphäre, in dem wir uns geborgen fühlen, in dem wir ablegen können, was uns krank macht, die Hektik des Alltags, die Gedanken an noch zu vollendende Aufgaben. Das Thema dieses Gottesdienstes klingt verheißungsvoll. Wer möchte nicht heil werden? Und doch klingt es befremdlich in einem Kirchenraum. Es passt viel eher in eine Arztpraxis, in eine Klinik. Aber dort werden manche nicht ganz gesund, nicht heil an Leib, Seele und Geist.

Bei der Beschäftigung mit dem Thema Heilung finde ich es hilfreich, dass wir uns auf die Bedeutung des hebräischen Verbs „jascha" einlassen, das unserem Wort für Heilen entspricht. Es bedeutete geräumig oder weit sein, aus der Enge in die Weite geführt oder aus der Bedrängnis gerettet werden. Mich spricht vor allem die räumliche Vorstellung an, aus einem beklemmenden Ort herausgeführt zu werden. Dahinter steht ein ganzheitliches Verständnis für Heilung, das nicht nur den Körper betrifft, sondern auch Seele und Geist mit einschließt. So kann Heilung auch bedeuten, eine Niederlage zu überwinden oder nach dem Scheitern wieder neu anzufangen.

Wir wollen heute in diesem Gottesdienst nicht nur über das Heilwerden nachdenken, sondern auch Heilungsrituale vollziehen. Deshalb haben wir verschiedene Stationen aufgebaut, die Sie nachher in einer offenen Phase abschreiten können:

An einer ersten Station wird Ihren Händen etwas Gutes getan.
An einer zweiten Station können Sie Steine ablegen, denn zur Heilung gehört auch das Ablegen von alten Lasten, die uns bedrücken.
An einer dritten Station können Sie eine Kerze entzünden, als ein Zeichen der Hoffnung auf Heilung und als ein stilles Gebet.
An einer vierten Station ist eine Klagemauer aufgebaut, in deren Ritzen und Spalte Sie eine Klage stecken können, die Sie zuvor auf einen Zettel geschrieben haben. Denn auf der Suche nach Heilung werden wir immer wieder enttäuscht und unsere Geduld wird auf eine harte Probe gestellt. Und nicht jedem, der heil werden will, wird dies geschenkt.
An der fünften Station schließlich können Sie sich mit Salböl salben und segnen lassen als Zeichen dafür, dass letztlich jede Heilung von Gott geschenkt wird.

LIED
Der Mond ist aufgegangen (EG 482,1–3)

PSALM 13
Wie lange noch soll ich sein wie ein zerbrochenes Gefäß?
Wie lange muss ich warten auf deine heilende Gegenwart, Gott?
Wie lange hältst du dein Antlitz vor mir verborgen?
Die Sorgen schneiden tiefe Wunden in mein Herz
und die Angst lässt mich innerlich zerbrechen.

Schau doch und höre meine Stimme,
erneuere mich und heile, was in mir zu Bruch gegangen ist.
Zeige mir, dass du mich nicht allein lässt.
Denn ich traue darauf, dass du dich meiner erbarmst.
Und mein Herz ist voller Zuversicht, dass du gerne hilfst.

LIEDRUF
Magnificat (EG 600[25])

KYRIE
Ich sehne mich danach, heil zu werden, ganz zu sein.
Ich sehne mich danach,
dass die aufgeschlagenen Wunden heilen.
Ich möchte hinter mir lassen,
was mich krank macht:
Heillose Bindungen,
Süchte, die mich gefangen nehmen,
den Zeitdruck, der mir zusetzt.
Ich möchte die Lasten ablegen,
die meine Seele niederdrücken,
möchte hinter mir lassen,
was mich hindert, wirklich zu leben.
Darum rufe ich, Gott, zu dir:
Kyrie eleison, Herr erbarme dich!

LIEDRUF
Kyrie, Kyrie eleison (EG 178.12)

---

25 EG 579 im Regionalteil der Ev.-Lutherischen Kirchen in Niedersachsen und der Bremischen Ev. Kirche. EG 588 im Regionalteil der Ev. Kirche im Rheinland, der Ev. Kirche von Westfalen und der Lippischen Landeskirche sowie der Ev.-reformierten Kirchen in Bayern und Nordwestdeutschland und der Ev.-altreformierten Kirche in Niedersachsen. EG 605 im Regionalteil der Ev.-Lutherischen Kirchen in Bayern und Thüringen. EG 573 im Regionalteil der Ev. Landeskirche in Württemberg. EG 622 im Regionalteil der Ev. Landeskirche in Baden und der Ev. Kirche der Pfalz. EG 606 im Regionalteil der Ev. Kirche in Österreich.

GLORIA
Zu dir, Gott, kann ich kommen, wie ich bin,
mit meinem Leid, mit meiner Krankheit,
mit meiner Begrenztheit oder Behinderung.
Zu dir kann ich kommen
mit meinem Groll, meiner Klage
und finde Zuflucht mitten in einer krank machenden Welt.
Zu dir kann ich kommen
mit meinen Fragen nach dem Sinn des Leides.
Bei dir wird wieder ganz, was zerbrochen ist.
Bei dir bin ich angenommen
mit meinen Schwächen und Grenzen,
denn du nimmst mich auf, wie ich bin.
Darum lobe ich dich, Gott, mit allen, die auf dich hoffen:
Laudate omnes gentes, lobt Gott, ihr Völker, alle!

LIEDRUF
Laudate omnes gentes (EG 181.6)

GEBET
Du Gott des Lebens,
du lädst uns ein,
in dein Haus zu kommen,
so wie wir sind,
mit unseren inneren und äußeren Narben.
Wir sind hier mit unseren Ängsten,
mit den Verletzungen und Wunden,
die uns das Leben geschlagen hat.
Wir kommen zu dir
mit unserer Sehnsucht,
geheilt zu werden und ganz zu sein.
Wir bitten dich voller Hoffnung
und trotz aller Zweifel,
dass du nun unter uns bist
mit deiner heilsamen Gegenwart.

SCHRIFTLESUNG (Markus 2,1–12)

Und nach einigen Tagen ging Jesus wieder nach Kapernaum; und es wurde bekannt, dass er im Hause war. Und es versammelten sich viele, so dass sie nicht Raum hatten, auch nicht draußen vor der Tür; und er sagte ihnen das Wort. Und es kamen einige zu ihm, die brachten einen Gelähmten, von vieren getragen. Und da sie ihn nicht zu ihm bringen konnten wegen der Menge, deckten sie das Dach auf, wo er war, machten ein Loch und ließen das Bett herunter, auf dem der Gelähmte lag.

Als nun Jesus ihren Glauben sah, sprach er zu dem Gelähmten: Mein Sohn, deine Sünden sind dir vergeben. Es saßen da aber einige Schriftgelehrte und dachten in ihren Herzen: Wie redet der so? Er lästert Gott! Wer kann Sünden vergeben als Gott allein? Und Jesus erkannte sogleich in seinem Geist, dass sie so bei sich selbst dachten, und sprach zu ihnen: Was denkt ihr solches in euren Herzen? Was ist leichter, zu dem Gelähmten zu sagen: Dir sind deine Sünden vergeben, oder zu sagen: Steh auf, nimm dein Bett und geh umher? Damit ihr aber wisst, dass der Menschensohn Vollmacht hat, Sünden zu vergeben auf Erden – sprach er zu dem Gelähmten: Ich sage dir, steh auf, nimm dein Bett und geh heim!

Und er stand auf, nahm sein Bett und ging alsbald hinaus vor aller Augen, so dass sie sich alle entsetzten und Gott priesen und sprachen: Wir haben so etwas noch nie gesehen.

STILLE

ANSPRACHE

Eine ganz besondere Heilungsgeschichte aus dem Markusevangelium soll uns heute helfen, der Frage nach Heil und Heilung nachzugehen. Sie werden sehen, wie die Erzählung von der Heilung des Gelähmten uns eine Antwort auf mehreren Ebenen gibt. Und unterschiedliche Wege zur Heilung erahnen lässt:

1. Der Gelähmte will von seiner Krankheit
   geheilt werden

Da ist zunächst der ganz deutliche Wunsch des gelähmten Mannes, sich wieder bewegen, wieder gehen zu können. Wir können den Gelähmten gut verstehen, er will geheilt werden – mit allen Mitteln. Denn gelähmt sein, bedeutet oft: nicht mitmachen zu können, nicht dazuzugehören, abhängig zu sein. Wir wissen nicht, seit wann dieser Mann gelähmt ist. Ich stelle mir vor, dass er seine Beine noch vor kurzer Zeit bewegen konnte. Jedenfalls ist er nicht bereit, sich damit abzufinden, gelähmt zu sein. So will er nicht leben.

Auch wir wollen meist nicht mit einer Einschränkung leben. Wir meinen, uns das in unserer Gesellschaft nicht leisten zu können. Und darum legen wir uns nicht einmal mehr ins Bett, um Fieber oder eine Grippe auszukurieren. Wir müssen fit sein, vital. Eine Krankheit empfinden wir als Störung, die immer zur falschen Zeit kommt, die nicht eingeplant ist. Wer krank ist, fühlt sich schwach, weiß sich von anderen abhängig. Wer krank ist, kann seine Aufgaben nicht erfüllen. Und deshalb nagt jede Krankheit an unserem Selbstwertgefühl.

Wir leben heute so, als könnten wir über die Gesundheit verfügen, geradezu auf Knopfdruck. Wir lassen uns Tabletten verschreiben, wenn wir krank sind, nehmen Tropfen gegen die Erkältung, lassen uns impfen gegen die Grippe. Manchmal nehmen wir uns noch nicht einmal die Zeit, zum Arzt zu gehen und schleppen uns irgendwie durch oder nehmen Medikamente nach eigenem Gutdünken.

2. Hindernisse auf dem Weg zur Heilung

Doch Heilungsprozesse können manchmal erheblich länger dauern als zunächst gedacht. Sie können sich verzögern und unsere Lebensplanung mit einem Mal völlig verändern. Das zeigt auch die Erzählung aus Markus 2: Ob der Gelähmte sich eine schnelle Heilung von Jesus versprochen hat, wissen wir nicht. Aber mit Sicherheit ist er darüber enttäuscht, dass der Weg zu dem Mann versperrt ist, von dem es hieß, er könne Kranke heilen.

Der Weg zur Heilung ist verbaut. Ein Durchkommen zu Jesus scheint auf den ersten Blick unmöglich. Die vielen Leute, die sich um Jesus drängen, lassen den Gelähmten nicht durch. Kranke oder Behinderte werden bis heute oft als störend wahrgenommen, die den gewohnten Ablauf behindern.

Aber bei Krankheiten gibt es nicht nur den schnellen Weg zur Heilung, sondern einen langsamen. Und oft ist der langsame Heilungsprozess der bessere. Oder es gibt einen Weg zur Heilung, der ganz anders aussieht, als wir uns das zunächst vorstellen. Ein solcher Weg kann auch darin bestehen, dass wir uns damit abfinden, dauerhaft mit einer Einschränkung leben zu müssen. Heilung ist dann die Annahme eines Lebens trotz Beschwerden oder die Aussöhnung mit einer chronischen Krankheit.

Auch für den Gelähmten aus unserer Erzählung verläuft der Weg zur Heilung anders als gedacht. Und dieser Weg muss erst einmal gefunden werden: Es muss erst einmal die Idee reifen, ihn über die Treppe hinauf bis auf das flache Dach zu tragen. Seine Freunde müssen sich abmühen und den Gelähmten dort hinaufschleppen. Dann machen sie ein Loch zwischen zwei Balken, nehmen Lehm und Stroh zur Seite und lassen ihn schließlich hinab.

3. Die Frage nach dem tieferen Sinn von Krankheit
Wer achtsam durch das Leben geht, weiß darum, dass Krankheiten mehr sind als eine Störung. Der weiß darum, dass sie uns etwas sagen wollen, dass sie ernst genommen werden müssen, dass sie unser gewohntes Leben unterbrechen wollen. Auch Jesus lässt sich unterbrechen, als der Gelähmte zu seinen Füßen liegt. Er kann nicht einfach mit dem fortfahren, was er gerade macht.

Doch Jesus reagiert anders, als es sich der Gelähmte, als es sich seine Freunde vorgestellt hatten. Er heilt nicht, sondern spricht zu dem Kranken: „Mein Sohn, deine Sünden sind dir vergeben." Jesus merkt, dass die Lähmung einen Hintergrund hat. Sie ist so etwas wie ein äußeres Zeichen für eine innere Blockade. Jesus deutet die Krankheit und befragt sie daraufhin, was sie zu sagen hat. Darum gibt er dem Kranken, was der viel dringender braucht: Er spricht ihm das Heil zu, die bedingungslose Annahme durch Gott.

Sind wir ein wenig enttäuscht, dass Jesus nur die Sünden vergibt, dass er dem Gelähmten nicht gleich auf die Beine hilft? Und zeigt sich in dieser leisen Enttäuschung nicht genau unsere Fixierung auf äußerliches Intaktsein, auf die sogenannte Normalität? Was dann ja auch hieße, dass ein Behinderter kein wirklich erfülltes Leben haben kann. Jesus sieht das anders, er sieht tiefer. Er will uns innerlich heilen, er will, dass wir heil werden – nicht nur am Körper, sondern auch an der Seele.

4. Die krank machenden Strukturen der Neider,
   Kritiker und Besserwisser

An dieser Stelle wendet der Erzähler den Blick auf die Schriftgelehrten. Sie stellen innerlich die Frage, ob denn Jesus überhaupt Sünden vergeben kann. Kann das nicht nur Gott? Die Neider, die Kritiker, die Besserwisser in unserer Erzählung lassen uns wahrnehmen, dass es so etwas gibt wie krank machende Beziehungen. „Der macht uns krank", sagen wir, wenn wir mit jemandem gar nicht zurechtkommen, wenn wir in der Begegnung nicht sein können, wie wir wirklich sind.

Ewige Kritik oder Nörgelei kann eine ganze Familie zerstören. Kinder leiden darunter, wenn sie es ihren Eltern nie recht machen können. In der Arbeitswelt leiden wir unter krank machenden Strukturen, unter Hierarchien, die uns klein halten wollen. Wir können uns nicht recht entfalten, weil uns zu wenig zugetraut wird oder wir in ein System hineingezwängt sind, das uns einengt, wie eine Krankheit einengen kann.

Auch hier gilt es, auf Heilung zu hoffen oder sich gegen ein krank machendes System aufzulehnen, nach Wegen zu suchen, die aus der Enge in die Weite führen – wie es das hebräische Wort für heilen nahe legt.

Jesus lässt sich von den Besserwissern und Neidern nicht einschränken. Er durchschaut sie, kann ihre Gedanken lesen und beschämt sie letztlich, indem er ihnen eine Frage stellt, die sie beim besten Willen nicht beantworten können: „Was ist leichter, zu dem Gelähmten zu sagen: Dir sind deine Sünden vergeben, oder zu sagen: Steh auf, nimm dein Bett und geh umher?"

Welche Antwort sie auch geben, das merken die Schriftgelehrten, sie können sich nur blamieren.

5. Stellvertretender Glaube ist gerade während einer Krankheit wichtig

Neben den Neidern gibt es in unserer Erzählung aber zum Glück auch die Menschen, die zur Heilung beitragen. Nicht allein Jesus tut dies, sondern auch die vier Freunde. Sie haben den Gelähmten ja überhaupt erst auf den Weg zu Jesus gebracht. Sie stehen ihm bei, während er selbst nicht auf seinen eigenen Beinen stehen kann. Und sie tragen ihn zu dem Mann, von dem sie glauben, dass er ihn heilen kann. Jesus erkennt ihren Glauben.

Gerade in Krankheitszeiten ist es wichtig, dass es Menschen gibt, die stellvertretend glauben. Es ist gut, einen Menschen zu haben, der sich an meiner Stelle an Gott wendet, wenn ich selbst nicht mehr beten kann, wenn mir die Kehle zugeschnürt ist, wenn mein Glaube überlagert ist von Zweifeln.

In der Krankheit ist es gut, einen Freund zu haben, der mich besucht, der mir eine Perspektive weist, wenn ich in Leid und Sorgen gefangen bin. In unserer Erzählung weisen die Freunde dem Gelähmten den Weg, geben ihm neue Hoffnung und tragen ihn dorthin, wohin er selbst nicht mehr gehen kann.

6. Die Freude über die Heilung
Am Ende heilt Jesus den Gelähmten. Er tut dies, indem er ihm zutraut, mit eigener Kraft aufzustehen. „Ich sage dir", sagt Jesus, „steh auf, nimm dein Bett und geh heim!" Jesus setzt mit diesen Worten einen heilsamen Prozess in Gang, an dessen Ende der Gelähmte die Kraft bekommt, selbst aufzustehen.

Mit einem Mal ist sein Leben verändert. Ab jetzt steht er auf eigenen Füßen, ab jetzt wird er keine Almosen mehr bekommen. „Steh auf, nimm dein Bett und geh heim!" – der Mann kann diesem Heilungsbefehl folgen, er kann aufstehen, er kann die Matte zusammenrollen, auf der er gerade noch gelegen hatte und er kann gehen.

Das Zeichen seiner überwundenen Krankheit nimmt er jedoch mit – er trägt die Matte, das Symbol aus der Zeit, in der er gelähmt war. Die Zeit, in der er darniederlag, gehört zu seinem Leben, zu seiner Biographie, sie wird ihn begleiten wie die Matte, die er nun mit sich mit nimmt.

Auch wenn wir von einer Krankheit geheilt sind, tragen wir bildlich gesprochen unsere Matte noch mit uns. Es ist auch gar nicht gut, wenn wir uns nach einer Erkrankung wieder dem Alltag zuwenden, als sei nichts geschehen. Die Unterbrechung des Alltags, zu der eine Krankheit uns zwingt, kann durchaus heilsam sein, dann nämlich, wenn sie uns hilft, unser Leben zu überdenken, krank machende Verhaltensweisen zu lassen. Und so ist Heilung mehr als das Ende der Krankheit, es ist ein Prozess des Heilwerdens. Und auf diesem Weg kann selbst eine Krankheit einen Sinn bekommen und zum ganzheitlichen Gesunden beitragen.

LIED
: Alle Knospen springen auf (EG 637[26])

HEILUNGS-STATIONEN:
: Dem Thema Heilung und Heilwerden können wir uns auf unterschiedlichen Ebenen nähern. Neben der medizinischen Gesundung brauchen wir noch eine andere Art von Heilung. Wir haben für Sie wohltuende Rituale vorbereitet, die auf ihre Weise heilen: eine Salbung und Segnung, eine Wohltat für Ihre Hände, das symbolische Ablegen einer Last, die Klage und das stille Gebet. Solche Heilungsrituale machen den Besuch beim Arzt nicht überflüssig. Sie machen aber deutlich, dass Gesundheit nicht einfach menschlich verfügbar ist, sondern zuallererst ein Gottesgeschenk. Darüber hinaus machen sie auf die Zusammenhänge von Körper und Seele aufmerksam, von spirituellem Heil und körperlicher Heilung. Sie machen deutlich, dass Heilung nicht das Letzte oder Wichtigste ist, und in dieser Welt immer fragmentarisch bleibt. Und vor allem wollen uns die Heilungsrituale zeigen, dass wir von Gott angenommen sind, wie wir sind.

Die Teilnehmenden werden aufgefordert, während einer offenen Phase zu einer oder mehreren Stationen zu gehen, die im Kirchenraum aufgebaut sind.

1. Station: Wohltuendes Ritual für die Hände
Ein oder zwei Mitarbeiter(innen) waschen die Hände der Teilnehmenden mit einem Waschlappen und reiben sie mit einem weichen Handtuch ab. Anschließend cremen sie die Hände mit einer wohlriechenden Handcreme ein. Das Ritual muss ruhig und meditativ vollzogen werden. Die Mitarbeiter(innen) sollten auf die intensive Atmosphäre, die hierbei entstehen kann, hingewiesen werden.

---

26 EG 633 im Regionalteil der Ev. Landeskirche in Baden und der Ev. Kirche der Pfalz.

2. Station: Stein ablegen
Die Teilnehmenden können einen handflächengroßen Kieselstein aus einem Korb nehmen und unter einem Kreuz oder vor dem Altar als Symbol für eine krank machende Last ablegen.

3. Station: Kerzen entzünden
Die Teilnehmenden können als stilles Gebet Kerzen entzünden und in einer mit Sand gefüllte Schale zurücklassen.

4. Station: Klagemauer
An einer wenig einsehbaren Stelle im Kirchenraum ist eine Mauer mit querstehenden Porotonsteinen aufgebaut. Daneben steht ein Korb mit kleinen Zetteln und Stiften. In die Öffnungen der Porotonsteine können die Teilnehmenden kleine Zettel stecken, auf die sie zuvor eine Klage oder einen Wunsch aufgeschrieben haben.

5. Station: Salbung und Segnung
Ein(e) Mitarbeiter(in) taucht den Zeigefinger in ein flaches mit Salböl gefülltes Gefäß und malt damit ein Kreuzzeichen auf die Stirn sowie die beiden Handinnenflächen der Teilnehmenden. Dabei können folgende Worte gesprochen werden: „Gott segne dein Denken, dein Fühlen und dein Handeln." Anschließend legt ein(e) weitere(r) Mitarbeiter(in) den Teilnehmenden die Hände auf und spricht ein Segensvotum.

LIED
Gott, lass dein Heil uns schauen (EG 482,5–7)

FÜRBITTEN
1. Sprecher(in):
Du Gott des Lebens,
du hast uns unser Leben lang begleitet
und hast uns durch Schmerz und Freude hindurch
so werden lassen, wie wir heute sind.

Wir klagen dir den Schmerz,
den uns die unverheilten Verletzungen zugefügt haben
und immer noch zufügen.

Wir rufen und singen: Herr erbarme dich!
Die Gemeinde singt: Herr erbarme dich (EG 178.10).

2. Sprecher(in):
Du Gott des Lebens,
wir klagen dir alles, was in unserer Welt krank macht
und gelingendes Leben behindert.
Wir klagen, was Krieg und Bürgerkrieg angerichtet
haben und immer noch anrichten.
Wir bitten dich, lass Friede entstehen
zwischen verfeindeten Völkern und Volksgruppen,
damit aus dem Zerbrochenen wieder etwas Neues entstehen kann.

Wir rufen und singen: Herr erbarme dich!
Die Gemeinde singt: Herr erbarme dich (EG 178.10).

3. Sprecher(in):
Du Gott des Lebens,
wir bitten dich für auseinandergegangene Beziehungen
und zerronnene Freundschaften.
Lass die entstandenen Wunden heilen,
dass am Ende nicht Bitterkeit herrscht,
sondern etwas Neues entsteht.

Wir rufen und singen: Herr erbarme dich!
Die Gemeinde singt: Herr erbarme dich (EG 178.10).

1. Sprecher(in):
Du Gott des Lebens,
hilf uns, aus deiner Hand anzunehmen,
was uns in unseren Fingern zerbrochen ist.
Öffne uns die Augen, dass wir unser Leid,
unsere Krankheiten und die Nöte in unserem Leben
als Teil des Reifens verstehen
auf unserem Weg zu deinem Heil.

Wir rufen und singen: Herr erbarme dich!
Die Gemeinde singt: Herr erbarme dich (EG 178.10).

2. Sprecher(in):
Du Gott des Lebens,
wir vertrauen deiner Hilfe,
dass du uns als treuer Gefährte zur Seite stehst
und uns durch die schweren Zeiten trägst.
Lass uns dereinst dein Heil schauen,
das du uns verheißen hast.

Wir rufen und singen: Herr erbarme dich!
Die Gemeinde singt: Herr erbarme dich (EG 178.10).

3. Sprecher(in):
In der Stille nennen wir Gott,
was uns innerlich belastet und gefangen nimmt:

STILLE

VATER UNSER

SEGEN

MUSIK

9 | *Stille finden –* Meditativer Abendgottesdienst für die gestresste Seele

MUSIK

BEGRÜSSUNG
>Wir sind heute Abend hierher gekommen,
>um Stille zu finden, um wieder zu uns selbst zu kommen,
>um hinter uns zu lassen, was uns zur Eile treibt.
>Wir sind hier, um aufzuatmen,
>um wieder in den Rhythmus zu kommen, der gut tut,
>um das Ein- und Ausatmen zu spüren,
>den Wechsel von Arbeit und Muße wieder zu lernen,
>den Wandel von der Tätigkeit zur Meditation,
>von der Anspannung zur Gelassenheit.

LIED
>Mein schönste Zier und Kleinod bist (EG 473)

PSALM 62
>Meine Seele ist stille zu Gott, der mir hilft.
>Denn er ist mein Fels und meine Hilfe,
>er leitet meinen Gang, dass ich nicht falle.
>Gott ist mir Schutz,
>wenn sie mir nachstellen
>und mich stürzen wollen.
>Sei nur stille zu Gott, meine Seele;
>denn er ist meine Hoffnung.
>Er ist mein Fels und meine Hilfe,
>er leitet meinen Gang, dass ich nicht falle.

Bei Gott finde ich Ruhe,
er macht meine Seele heil
und richtet mich immer wieder auf.
Wie ein Fels steht er stark und fest,
dass ich bei ihm Zuversicht finde.
Sei nur stille zu Gott, meine Seele;
denn er ist meine Hoffnung.
Er ist mein Fels und meine Hilfe,
er leitet meinen Gang, dass ich nicht falle.
Darum will ich allezeit auf Gott hoffen,
vor ihm kann ich mein Herz ausschütten,
ihm kann ich meine Sorgen nennen,
ihm kann ich sagen, was meine Seele traurig macht.
Sei nur stille zu Gott, meine Seele;
denn er ist meine Zuversicht.
Er ist mein Fels und meine Hilfe,
er leitet meinen Gang, dass ich nicht falle.
Auf ihn hoffe ich heute und an den Tagen,
die da kommen werden.

Lasst uns stille werden in Gott
und uns an seiner Gegenwart freuen:
Freuet euch im Herrn!

LIEDRUF
Freuet euch im Herrn (EG 789.3[27])

AKTION (Uhren ablegen)
Wir sind hier, um Ruhe zu finden,
um loszulassen, was uns antreibt
und unruhig werden lässt.
Lassen Sie uns dazu unsere Uhren weglegen,
das Symbol der Unruhe,

---

27 EG 579 im Regionalteil der Ev. Kirche im Rheinland, der Ev. Kirche von Westfalen und der Lippischen Landeskirche sowie der Ev.-reformierten Kirchen in Bayern und Nordwestdeutschland und der Ev.-altreformierten Kirche in Niedersachsen. EG 698 im Regionalteil der Ev.-Lutherischen Kirchen in Bayern und Thüringen.

die uns nervös macht,
uns anzeigt, wo wir spät dran sind,
die uns unerbittlich zeigt, wie unsere Zeit vergeht.
Lassen Sie uns unsere Uhren weglegen –
ein äußerliches Zeichen zwar,
das uns aber helfen kann,
auch innerlich zur Ruhe zu kommen,
uns einzulassen auf die Stille,
die wir in Gott finden.

Wenn Sie mögen, können Sie nun Ihre Uhren in die beiden Körbchen legen, die zwei Mitarbeiter(innen) durch die Reihen geben – Sie bekommen diese am Ausgang wieder zurück!
Dabei wollen wir Gott loben,
der unser unruhiges Herz immer wieder Ruhe finden lässt:
Laudate omnes gentes (EG 181.6)

Die Uhren der Teilnehmer(innen) werden mit zwei Kollektenkörbchen eingesammelt. Währenddessen wird mehrmals Laudate omnes gentes (EG 181.6) gesungen

LIED
    Meine Zeit steht in deinen Händen[28]

SCHRIFTLESUNG (Johannes 6,15b–21)
    Als es Abend wurde, zog sich Jesus vor dem Volk zurück auf den Berg, um allein zu sein. Seine Jüngerinnen und Jünger gingen zum See hinunter, stiegen in ein Boot und fuhren zum anderen Seeufer in Richtung Kapernaum. Es war schon finster geworden, und Jesus war noch nicht zu ihnen gekommen. Da wurde der See aufgewühlt und ein heftiger Sturm wehte. Als sie nun eine Stunde gerudert waren, sahen sie Jesus, wie er auf dem See umherging und in die Nähe ihres Bootes kam. Da erstarrten sie vor Angst. Er aber sagte zu ihnen: „Ich

---

28 Das Liederbuch, 424.

bin's! Hört auf, euch zu ängstigen!" Da wollten sie ihn ins Boot nehmen; und sofort war das Boot an Land, auf das sie zugefahren waren.

ANGELEITETE STILLE
Die aufgewühlten Wellen der Geschichte mögen ein Bild sein für die innere Unruhe, die uns in unserem Alltag gefangen nimmt. Die Worte Jesu sprechen unsere Sehnsucht an, dass sich unser inneres Aufgewühltsein legt und wir zur Ruhe kommen und zur Stille finden. Nehmen Sie sich nun Zeit, während der Stille, den Worten aus dem Johannesevangelium nachzuspüren.

MUSIK

ANSPRACHE
In der Erzählung von Jesu Seewandel, die wir in der Lesung gehört haben, ist die Sehnsucht nach Ruhe geradezu mit Händen zu greifen, die Augustin in seinen Bekenntnissen klassisch ausgedrückt hat: „Unruhig ist unser Herz, bis es Ruhe findet, Gott, in dir."

Offenbar kennt auch Jesus diese Sehnsucht nach Stille und Zurückgezogenheit, um dort die Ruhe zu finden, die nur Gott schenken kann. Gerade erst hatte er zu Hunderten gesprochen, hatte den Menschen das kommende Reich Gottes vor Augen gemalt, da erfasst ihn diese tiefe Sehnsucht nach Stille. Allein mit Gott will er auftanken und endlich wieder zu sich selbst finden.

Gerade noch hatte Jesus das Volk beeindruckt, indem er sie auf wunderbare Weise mit ein wenig Brot und zwei Fischen gesättigt hatte, da zieht er sich zurück auf einen Berg, an einen Ort der Einsamkeit, der Zurückgezogenheit, an einen Ort, an dem man sich den Dingen der alltäglichen Welt enthoben weiß, an dem man dem Himmel in gewisser Weise näher ist als der Erde. Hier auf dem Berg ist er endlich allein und sein unruhiges Herz kann Ruhe finden in Gottes Gegenwart. Dort gelingt es ihm, die Zeit zu vergessen und loszulassen, was die Aufmerksamkeit gefangen nimmt. Und so dehnen sich die Minuten zu Stunden der Ruhe und der inneren Einkehr.

STILLE

„Unruhig ist unser Herz, bis es Ruhe findet, Gott, in dir." Wenn sich in unserem Leben die Termine häufen und die Aufgaben kaum mehr Zeit lassen für Momente der Stille und der Muße, dann verliert der Alltag seine Konturen, er wird zum sich unbarmherzig immer weiter drehenden Rad, zur Tretmühle, die nicht still stehen will. Irgendwie geht es weiter Tag für Tag. Aber wir spüren, wie die Kräfte uns verlassen, wie wir uns nach Stille sehnen, nach der Ruhe, die uns innerlich auftanken lässt. Es täte uns gut, wenn wir dann alles hinter uns lassen könnten und wenn wir wie Jesus auf einen Berg steigen könnten, um allein zu sein und dem Alltag enthoben. Wir glauben, dass uns das in unserer schnelllebigen Welt nicht gelingen kann. Wir können ja doch nicht alles hinter uns lassen, wir tragen doch Verantwortung. Wir müssen uns einfügen in Arbeitszeiten, in den Rhythmus, den das Leben uns aufgedrückt hat.

STILLE

„Unruhig ist unser Herz, bis es Ruhe findet, Gott, in dir." Meine Sehnsucht, bei Gott innerliche Ruhe zu finden, lässt mich nicht so schnell aufgeben. Kann ich denn nicht im Alltag Zeiten der Ruhe finden, Auszeiten, die ich mir nehmen kann? Gibt es nicht doch Gelegenheiten der Stille selbst an ausgefüllten Tagen, in denen ich zumindest für ein kurzes Stoßgebet Zeit finde? Die Stille am frühen Morgen, bevor die Kinder wach sind? Eine Pause, mit der ich dem Arbeitstag eine Struktur gebe? Den Abend, an dem es mir besser geht, ein Buch in die Hand zu nehmen, als den Fernseher anzuschalten? Wenn wir uns nur auf die Suche machten nach den Orten, den Zeiten der Stille, wir würden schon welche finden. Ein jeder von uns wird andere

Zeiten brauchen und andere Weisen, um zur Ruhe zu kommen, um sich dann wieder selbst zu spüren, wieder ganz bei sich zu sein. Diese Zeiten lassen einen Tag, eine Woche gelingen. Unsere Lebenszeit wäre erfüllter, wenn sie durchsetzt ist von Feierabenden, Feiertagen und von Zeiten des Sabbat. Gott will nicht, dass wir uns aufreiben im ständigen Trott des Alltags, der Pflichten. Er will, dass der Alltag durchbrochen wird durch den Sabbat. Er will uns Zeiten schenken, um Ruhe zu finden, um die Zeit zu vergessen, Zeiten ohne den Blick auf die Uhr.

STILLE

„Unruhig ist unser Herz, bis es Ruhe findet, Gott, in dir." Jesus nimmt sich eine Auszeit und steigt auf den Berg, um ruhig zu werden in der Gegenwart Gottes. Ihm ist die Stille zu Gott so wichtig, dass er seine Jünger und Jüngerinnen warten lässt. Und als er nicht kommt, setzen sie sich – wie es abgesprochen war – in ein Boot, um über den See zu rudern. Auch sie wollen sich der Menge der Menschen entziehen. Auch sie haben gespürt, wie viel Kraft es kostet unter so vielen Menschen zu sein, über Stunden und gar Tage. Und so rudern sie auf den See hinaus – auch ein Ort, der innerlich ruhig werden lässt, ein Ort, an dem man die Stille auf einmal hören kann, an dem leise Geräusche laut werden, das Zischen des Ruderblattes, das Plätschern des Wassers.

Doch den Jüngerinnen und Jüngern Jesu ist es nicht vergönnt, auf diese Weise Ruhe zu finden. Auf einmal werden die Wellen höher und höher, Wind kommt auf, der sich bald zum Sturm steigert. Das Boot wird hin- und hergeworfen, wird wie eine kleine Nussschale von einer Welle in die Höhe gehoben, um dann herabzuschießen ins Wellental. Die Wellen drohen, das Boot zu verschlingen. Da geschieht mit einem Mal das Unglaubliche: Mitten in der Unruhe, mitten in der Angst ist Jesus da. Er steht auf einmal mitten auf dem zerfurchten Wasser, das unter seinen Füßen sich schon zu glätten beginnt. Jesus steht da, hoch aufgerichtet, in voller Größe und innerer Ruhe. Er steht da, als ob ihm Wind und Wellen nichts anhaben können. Niemand sah ihn kommen, aber er ist da, als die Not am größten ist. Die Jüngerinnen und Jünger rücken noch weiter zusammen, hinter sich die bedrohlichen Wellen, vor sich die rätselhafte Erscheinung, die sie zunächst noch mehr ängstigt als der Sturm.

STILLE

„Unruhig ist unser Herz, bis es Ruhe findet, Gott, in dir." Die Gegenwart Gottes schenkt uns nicht immer gleich die ersehnte Ruhe. Sie kann das innere Aufgewühltsein noch verstärken oder uns zunächst ängstigen. Maria fürchtet sich vor dem Engel, in dem Gott zu ihr spricht. Auch den Hirten geht es nicht anders. „Fürchte dich nicht" sagen diese Engel, um den Bann zu lösen und die Angst vor der himmlischen Sphäre zu durchbrechen.

Auch die Jüngerinnen und Jünger haben Angst vor der rätselhaften Erscheinung. Erst als Jesus ihnen sagt: „Ich bin's", weicht ihre Furcht. Sie bitten ihn, ins Boot zu kommen. Und auf einmal legt sich der Wind, die Wellen beruhigen sich und nach kurzer Zeit erreichen sie ihr Ziel.

„Unruhig ist unser Herz, bis es Ruhe findet, Gott, in dir." Die Jüngerinnen und Jünger Jesu finden mitten im Sturm diese Ruhe. In der Begegnung mit dem Gottessohn glätten sich die Wellen. Aber auch der innere Sturm kann sich legen, die Angst vor der zunächst bedrohlich wirkenden Erscheinung Jesu. Und so machen mir die Jüngerinnen und Jünger Jesu Mut. Wenn sie damals mitten im Sturm Ruhe finden konnten, dann wird sich auch unsere Sehnsucht nach Ruhe stillen lassen, mitten in unserer schnelllebigen und hektischen Zeit. Dann können auch wir die Spukgestalten aus der Vergangenheit oder die Bilder einer gespenstischen Zukunft zur Seite legen, die uns manchmal nachts den Schlaf rauben. Möge Gott uns solche Ruhe finden lassen heute, aber auch in den Tagen, die kommen.

LIED
Ich trau auf dich, oh Herr[29]

FÜRBITTEN
Meine Seele ist still und ruhig geworden
wie ein gestilltes Kind bei der Mutter.
Wie ein zur Ruhe gekommenes Kind,
so ist meine Seele, Gott, in dir.
Dass mich diese Ruhe begleitet,
in die Nacht,
in den neuen Tag,
in die kommende Woche,
darum bitte ich dich, o Gott.
Dass diese Ruhe auch in die Welt einkehre,
die voller Unruhe ist
und aus dem Gleichgewicht zu geraten droht
durch Terror und Krieg,
darum bitte ich dich, o Gott.
In der Stille beten wir für die Menschen,
die uns besonders am Herzen liegen:

STILLE

VATER UNSER

KANON
Ruhet von des Tages Müh (EG 492)

SEGEN

MUSIK

---

29 Das Liederbuch, 149.

10 *Dem Himmel entgegen –* Abendgottesdienst mit dem Symbol des Adlers

MUSIK

BEGRÜSSUNG

LIED
   Weißt du wo der Himmel ist (EG 622[30])

PSALM 123
   Wir heben unsere Augen auf zu dir, Gott,
   der du im Himmel wohnst.
   Wir strecken uns dem Firmament entgegen,
   dem Ort, an dem du wohnst.
   Blicke doch herunter
   und sieh, wie unsere Augen auf dich harren.
   Wir blicken auf dich
   und hoffen, dass du uns gnädig bist.
   Wir rufen zu dir:
   Wende dich zu uns und richte uns wieder auf.
   Denn wir sind niedergebeugt,
   leiden unter Verachtung und dem Spott der Stolzen.
   Wir heben unsere Augen auf zu dir, Gott,
   der du im Himmel wohnst.
   Wir strecken uns dem Firmament entgegen,
   dem Ort, an dem du wohnst.

---

[30] Nur im Regionalteil der Ev. Kirchen in Hessen-Nassau und Kurhessen-Waldeck vorhanden.

LIEDRUF
Laudate omnes gentes (181.6)

KYRIE
Wir möchten uns dem Himmel entgegenstrecken,
möchten uns befreien, von allem,
was uns herunterzieht und gefangen nimmt.
Unsere Augen blicken in den Himmel voller Sehnsucht,
wir wollen die Erdenschwere hinter uns lassen.
Und doch werden unsere Hoffnungen und Träume immer wieder durchkreuzt,
immer wieder schlagen wir hart auf dem Boden der Tatsachen auf,
immer noch hält uns die Erde gefangen.
Weil wir uns nicht damit zufrieden geben,
weil wir die Leichtigkeit des Himmels
mitten in unserem Erdenleben spüren wollen,
bitten wir Gott um Erbarmen und singen:
Kyrie eleison, Herr, erbarme dich!

LIEDRUF
Kyrie, Kyrie eleison (EG 178.12)

GLORIA
Wir gehören dem Himmel,
trotz aller Erdenschwere, die uns umfangen mag.
Wir sind Kinder des Himmels,
befreit und beflügelt.
Denn du, Gott, schenkst uns neue Kraft,
dass wir in den Himmel auffahren wie junge Adler.
Du hebst uns immer wieder empor, richtest uns auf,
lässt uns reifen und wachsen.
Darum loben wir dich und singen zu deiner Ehre:
Goria in excelsis Deo, Ehre sei Gott in der Höhe!

LIEDRUF
Gloria, gloria in excelsis Deo (EG 566[31])

GEBET
Wir heben unsere Augen auf zu dir, Gott,
der du im Himmel wohnst
und der du doch auch Wohnung nimmst,
bei einem jeden von uns.
Mache unsere Herzen weit,
damit wir deine Stimme hören.
Mach uns innerlich weit,
dass wir uns auf dein Wort hin
dem Himmel entgegenstrecken.

SCHRIFTLESUNG (Jesaja 40)
Gott thront weit über der Erde und über denen, die auf ihr wohnen.
Er spannt den Himmel wie einen Schleier und breitet ihn aus wie ein Zelt,
in dem viele Wohnung finden.
Die Großen in der Welt sind in seinen Augen nichts,
und die auf Erden richten, lässt er erniedrigt sein.
Der ewige Gott, der die Enden der Erde geschaffen hat, wird nicht müde noch matt, sein Verstand ist unerforschlich.
Er gibt dem Müden Kraft, und schenkt Stärke dem Unvermögenden.
Männer werden müde und matt, und Jünglinge straucheln und fallen;
aber die auf Gott harren, kriegen neue Kraft, dass sie auffahren mit Flügeln wie Adler, dass sie laufen und nicht matt werden, dass sie wandeln und nicht müde werden.

STILLE

---

31 EG 572 im Regionalteil der Ev. Landeskirche in Württemberg.

LIED
Da wohnt ein Sehnen tief in uns[32]

ERZÄHLUNG VOM ADLER[33]
Ein Mann – so wird erzählt – fing sich im Wald einen jungen Adler. Er nahm ihn mit nach Hause und steckte ihn zu seinen Hühnern in den Hühnerstall. Und er gab ihm Hühnerfutter zu fressen, obwohl er doch ein Adler war, der König der Vögel.

Nach fünf Jahren kam einmal ein Mann zu Besuch, der etwas von Naturkunde verstand. Dem fiel der Adler auf, und er sagte: „Der Vogel dort ist kein Huhn, sondern ein Adler." „Ja", sagte der Mann, „das stimmt. Aber ich habe ihn zu einem Huhn erzogen. Er ist jetzt kein Adler mehr, sondern ein Huhn." „Nein", sagte der andere, „er ist noch immer ein Adler, denn er hat das Herz eines Adlers. Und das wird ihn hoch hinauffliegen lassen in die Lüfte." „Nein, nein", sagte der Mann, „er ist jetzt ein richtiges Huhn geworden und wird niemals wie ein Adler fliegen."

Darauf beschlossen sie, eine Probe zu machen. Der vogelkundige Mann nahm den Adler, hob ihn in die Höhe und sagte beschwörend: „Der du ein Adler bist, der du dem Himmel gehörst und nicht dieser Erde: breite deine Schwingen aus und fliege!" – Der Adler auf der hochgestreckten Faust blickte um sich. Hinter sich sah er die Hühner nach ihren Körnern picken, und er sprang zu ihnen hinunter und pickte mit. Der naturkundige Mann gab noch nicht auf. Am nächsten Tag stieg er mit dem Adler auf das Dach des Hauses, hob ihn empor und sagte: „Adler, der du ein Adler bist, breite deine Schwingen aus und fliege!" Aber als der Adler wieder die scharrenden Hühner im Hof erblickte, sprang er zu ihnen hinunter und scharrte mit.

---

32 Das Liederbuch, 209.
33 In: Klaus Roos, Geh deinen Weg und sei ganz, 61f.
  Wenn möglich, sollte die Geschichte frei erzählt werden.

Da sagte der Mann. „Ich habe es dir ja gesagt, er ist ein Huhn, und er bleibt ein Huhn." „Nein", sagte der andere, „er ist ein Adler, und er hat noch immer das Herz eines Adlers. Lass es uns noch ein einziges Mal versuchen; morgen werde ich ihn fliegen lassen."

Am nächsten Morgen ging er mit dem Adler vor die Stadt auf einen hohen Berg. Er hob den Adler hoch und sagte zu ihm: „Adler, du bist ein Adler. Du gehörst dem Himmel, nicht dieser Erde. Breite deine Schwingen aus und fliege!" Der Adler zitterte, aber er flog nicht. Da ließ ihn der naturkundige Mann direkt in die Sonne schauen, und plötzlich breitete der Adler seine Schwingen aus, erhob sich mit dem Schrei eines Adlers in die Luft und kehrte nie wieder zurück.

MUSIK

MEDITATION

Wie ein Adler möchte ich meine Schwingen entfalten,
die Möglichkeiten entdecken, die in mir stecken.

Wie ein Adler möchte ich die innere Schwere ablegen,
innerlich weit werden
und meine Flügel ausbreiten.

Wie ein Adler möchte ich frei sein, von dem, was mich herunterzieht,
was mich gefangen nimmt und behindert.

Wie ein Adler möchte ich emporgehoben werden dem Himmel entgegen,
die Leichtigkeit fühlen, zu der ich berufen bin.

Wie ein Adler möchte ich die Kraft meiner Schwingen entdecken,
die mich weit hinaustragen.

Wie ein Adler möchte ich mich fallen lassen
und mit den Winden in himmlische Höhen gleiten.

Wie ein Adler möchte ich mich hinauswagen,
möchte ich dem Himmel gehören und nicht der Erde
verhaftet bleiben.

LIED
   Lobe den Herren, den mächtigen König der Ehren
   (EG 316)

TAUFERINNERUNG
Die Teilnehmerinnen und Teilnehmer werden aufgerufen, an den Taufstein zu treten, der mit Wasser gefüllt ist. Dort wird ihnen durch mehrere Mitarbeiter(innen) mit Wasser ein Kreuz auf die Stirn gezeichnet. Folgende Worte können dazu gesprochen werden:

Gott hat dir in deiner Taufe zugesagt:
Du gehörst dem Himmel.
So segne dich der allmächtige und barmherzige Gott,
Vater, Sohn und Heiliger Geist.
Friede sei mit dir.

oder

Gott hat dich in deiner Taufe zur Freiheit berufen.
Er segne dich in deinem Tun und Lassen.
Friede sei mit dir.

LIED
   Ich lobe meinen Gott, der aus der Tiefe mich holt
   (EG 638[34])

---

34 EG 585 im Regionalteil der Ev.-Lutherischen Kirchen in Niedersachsen und der Bremischen Ev. Kirche. EG 673 im Regionalteil der Ev. Kirche im Rheinland, der Ev. Kirche von Westfalen und der Lippischen Landeskirche sowie der Ev.-reformierten Kirchen in Bayern und Nordwestdeutschland und der Ev.-altreformierten Kirche in Niedersachsen. EG 615 im Regionalteil der Ev.-Lutherischen Kirchen in Bayern und Thüringen. EG 611 im Regionalteil der Ev. Landeskirche in Württemberg. EG 628 im Regionalteil der Ev. Landeskirche in Baden und der Ev. Kirche der Pfalz.

FÜRBITTEN

1. Sprecher(in):
Du hältst deinen Himmel offen für alle Menschen, Gott.
Es ist niemand zu klein oder zu groß,
um zu dir zu gehören.
Wir danken dir für die Menschen,
die uns zeigen, dass du uns liebst.
Etwas vom Himmel ist dadurch für uns spürbar.

2. Sprecher(in):
Du hältst deinen Himmel offen für alle Menschen, Gott.
Wir denken auch an die Menschen, die davon nur wenig spüren:
an Alte, die einsam sind, oder Kranke,
um die sich niemand kümmert.
Hilf, dass auch sie etwas vom Himmel spüren,
dass sie Erleichterung in ihrem Alltag erleben
und Freude empfinden können.

Wir rufen und singen: Kyrie eleison!
Die Gemeinde singt: Kyrie eleison (EG 178.9).

3. Sprecher(in):
Du hältst deinen Himmel offen für alle Menschen, Gott.
Wir wissen davon, dass Hunger und Elend
sich weiter und weiter ausbreiten in vielen Ländern
dieser Erde.
Wir wissen von Krieg und Gewalt,
von Orten, an denen Unbeteiligte getötet und verletzt werden,
an denen wir Menschen einander das Leben zur Hölle machen.
Hilf, dass dort die Kräfte des Himmels gestärkt werden
und Friede und Gerechtigkeit sich durchsetzen.

Wir rufen und singen: Kyrie eleison!
Die Gemeinde singt: Kyrie eleison (EG 178.9).

4. Sprecher(in):
Du hältst deinen Himmel offen für alle Menschen, Gott.
Wir beuten unsere Erde immer mehr aus und zerstören den Raum,
den du uns zum Leben schenkst.
Die Luft um uns herum und der Himmel über uns
sind verschmutzt, das Klima verändert.
Bewahre Himmel und Erde vor der Zerstörung
und hilf, dass auch wir dazu beitragen, deine Schöpfung zu bewahren.

Wir rufen und singen: Kyrie eleison!
Die Gemeinde singt: Kyrie eleison (EG 178.9).

STILLE

VATER UNSER

LIED
   Der Himmel geht über allen auf (EG 594[35])

SEGEN

MUSIK

---

35 EG 588 im Regionalteil der Ev.-Lutherischen Kirchen in Niedersachsen und der Bremischen Ev. Kirche. EG 611 im Regionalteil der Ev. Kirche im Rheinland, der Ev. Kirche von Westfalen und der Lippischen Landeskirche sowie der Ev.-reformierten Kirchen in Bayern und Nordwestdeutschland und der Ev.-altreformierten Kirche in Niedersachsen. EG 562 im Regionalteil der Ev.-Lutherischen Kirchen in Bayern und Thüringen.

11 Von allen Seiten umgibst du mich –
Abendgottesdienst mit Gedanken zu Psalm 139

MUSIK

BEGRÜSSUNG
>„Von allen Seiten umgibst du mich und hältst deine Hand über mir", mit diesen Worten begrüße ich Sie herzlich zu unserem Gottesdienst am heutigen Abend. Gott ist uns nahe, er ist oben und unten, vorne und hinten, rechts und links, um uns herum. Mich erinnert diese Vorstellung an einen im Bauch der Mutter heranwachsenden Säugling: „Von allen Seiten umgibst du mich", ist damit nicht eine vorbewusste Ahnung dieser Zeit vor unserer Geburt angesprochen? Wie eine Mutter schenkt Gott uns den bergenden Raum, in dem wir uns entfalten, in dem wir uns bewegen können. Wohin wir auch gehen, er ist immer bei uns und umhüllt uns mit seiner Gegenwart.

LIED
>Bleib bei mir, Herr (EG 488,1.3–5)

PSALM 139
>*1. Sprecher(in):*
>Herr, du erforschest mich und kennest mich.
>Ich sitze oder stehe auf, so weißt du es;
>du verstehst meine Gedanken von ferne.
>Ich gehe oder liege, so bist du um mich und siehst alle meine Wege.

Denn siehe, es ist kein Wort auf meiner Zunge, das du, Herr, nicht schon wüsstest.

2. Sprecher(in):
Von allen Seiten umgibst du mich und hältst deine Hand über mir.
Diese Erkenntnis ist mir zu wunderbar und zu hoch, ich kann sie nicht begreifen.
Wohin soll ich gehen vor deinem Geist, und wohin soll ich fliehen vor deinem Angesicht?
Führe ich gen Himmel, so bist du da; bettete ich mich bei den Toten, siehe, so bist du auch da.
Nähme ich Flügel der Morgenröte und bliebe am äußersten Meer,
so würde auch dort deine Hand mich führen und deine Rechte mich halten.

3. Sprecher(in):
Spräche ich: Finsternis möge mich decken und Nacht statt Licht um mich sein – ,
so wäre auch Finsternis nicht finster bei dir, und die Nacht leuchtete wie der Tag.
Finsternis ist wie das Licht.

1. Sprecher(in):
Denn du hast meine Nieren bereitet und hast mich gebildet im Mutterleibe.
Ich danke dir dafür, dass ich wunderbar gemacht bin; wunderbar sind deine Werke; das erkennt meine Seele.
Es war dir mein Gebein nicht verborgen,
als ich im Verborgenen gemacht wurde,
als ich gebildet wurde unten in der Erde.

2. Sprecher(in):
Deine Augen sahen mich, als ich noch nicht bereitet war, und alle Tage waren in dein Buch geschrieben, die noch werden sollten und von denen keiner da war.
Aber wie schwer sind für mich, Gott, deine Gedanken!
Wie ist ihre Summe so groß!

Wollte ich sie zählen, so wären sie mehr als der Sand:
Am Ende bin ich noch immer bei dir.

3. Sprecher(in):
Erforsche mich, Gott, und erkenne mein Herz; prüfe mich und erkenne, wie ich's meine.
Und sieh, ob ich auf bösem Wege bin, und leite mich auf ewigem Wege.

LIEDRUF
Lobt den Herrn, lobt den Herrn (EG 573,1[36])

AKTION
Um die Teilnehmenden herum sind im Kirchenraum Windlichter verteilt. Sie werden nun von mehreren Mitarbeiterinnen und Mitarbeitern angesteckt mit Kerzen, die ihrerseits an den Altarkerzen entzündet wurden.

KYRIE
Von allen Seiten umgibst du mich, Gott.
Das möchte ich glauben,
daran möchte ich mich halten.
Und doch spüre ich dein Nahesein oft nicht.
Die Tretmühle des Alltags nimmt mich gefangen,
mein Blick ist auf mein Tun gerichtet
und wird blind für dein Wirken.
Meine Zeit verrinnt mir unter den Fingern,
dass ich kaum Zeit finde für Gebet und Stille.
Darum rufe ich zu dir mit allen,
die auf deine Barmherzigkeit hoffen:
Kyrie eleison, Herr erbarme dich!

LIEDRUF
Kyrie, Kyrie eleison (EG 178.12)

---

[36] Nur im Regionalteil der Ev. Kirchen in Hessen-Nassau und Kurhessen-Waldeck vorhanden.

GLORIA
Von allen Seiten umgibst du mich, Gott.
Das kann ich glauben, weil du es mir zusagst,
weil du mit mir bist, selbst wenn mich meine
Wege scheinbar von dir wegführen.
Du kennst mich besser als ich mich selbst kenne.
Du bist mir näher als meine besten Freunde.
Deine segnende Hand hältst du über mir,
Tag für Tag und Woche für Woche.
Du lässt mich nicht ziehen
oder aus deiner Hand fallen.
Darum lobe ich dich und singe mit allen,
die an dich glauben:
Laudate omnes gentes, lobt Gott, ihr Völker alle!

LIEDRUF
Laudate omnes gentes (EG 181.6)

GEBET
Herr, unser Gott,
du bist für uns wie eine liebevolle Mutter
und ein treu sorgender Vater.
Du lässt uns nicht allein,
selbst wenn wir uns von dir abwenden.
Halte auch ferner deine Hand segnend über uns
und gehe uns auch weiterhin nach,
wenn unsere Füße uns von dir wegführen.
Schenke uns Menschen,
in deren Nahesein wir deine Nähe spüren,
und ermutige uns immer wieder neu,
uns in deinem Namen um unseren Nächsten zu kümmern,
dass wir den Einsamen nahe sind,
die Trauernden trösten und die Kranken begleiten.

LESUNG (Genesis 28,10–21)
Aber Jakob zog aus von Beerscheba und machte sich auf den Weg nach Haran und kam an eine Stätte, da blieb er über Nacht, denn die Sonne war untergegan-

gen. Und er nahm einen Stein von der Stätte und legte ihn zu seinen Häupten und legte sich an der Stätte schlafen. Und ihm träumte, und siehe, eine Leiter stand auf Erden, die rührte mit der Spitze an den Himmel, und siehe, die Engel Gottes stiegen daran auf und nieder.

Und der Herr stand oben darauf und sprach: Ich bin der Herr, der Gott deines Vaters Abraham, und Isaaks Gott; das Land, darauf du liegst, will ich dir und deinen Nachkommen geben. Und dein Geschlecht soll werden wie der Staub auf Erden, und du sollst ausgebreitet werden gegen Westen und Osten, Norden und Süden, und durch dich und deine Nachkommen sollen alle Geschlechter auf Erden gesegnet werden. Und siehe, ich bin mit dir und will dich behüten, wo du hinziehst, und will dich wieder herbringen in dies Land. Denn ich will dich nicht verlassen, bis ich alles tue, was ich dir zugesagt habe.

Als nun Jakob von seinem Schlaf aufwachte, sprach er: Fürwahr, der Herr ist an dieser Stätte, und ich wusste es nicht! Und er fürchtete sich und sprach: Wie heilig ist diese Stätte! Hier ist nichts anderes als Gottes Haus, und hier ist die Pforte des Himmels. Und Jakob stand früh am Morgen auf und nahm den Stein, den er zu seinen Häupten gelegt hatte, und richtete ihn auf zu einem Steinmal und goss Öl oben darauf und nannte die Stätte Bethel; vorher aber hieß die Stadt Lus. Und Jakob tat ein Gelübde und sprach: Wird Gott mit mir sein und mich behüten auf dem Wege, den ich reise, und mir Brot zu essen geben und Kleider anzuziehen und mich mit Frieden wieder heim zu meinem Vater bringen, so soll der Herr mein Gott sein.

STILLE

LIED

Von guten Mächten (EG 65,1.5–7)

Ansprache

Wir haben zu Beginn des Gottesdienstes den 139. Psalm gehört. Ich bin immer wieder erstaunt, wenn ich dieses Gebet höre, wie viele unterschiedliche Facetten es besitzt. Und ich weiß auch darum, dass es darüber hinaus ganz unterschiedliche Möglichkeiten gibt, diesen Psalm zu verstehen.

Da ist zunächst der Gedanke, der diesem Gottesdienst seinen Namen gab, dass Gott uns von allen Seiten schützend umgibt und seine Hand segnend über uns hält: „Von allen Seiten umgibst du mich und hältst deine Hand über mir." Aber schon bei der Vorbereitung auf diesen Gottesdienst stellte sich die Frage, ob wir den Gedanken nur positiv verstehen können, dass Gott uns stets umgibt. Kann es nicht auch eine unangenehme Vorstellung sein, dass Gott unser Tun und Lassen andauernd beobachtet, jedes Fehlverhalten sieht, uns nicht gehen lässt, wohin wir wollen? Immer ist er da, sieht und beobachtet alles, was ich tue, weiß sogar um meine geheimsten Gedanken. Es gibt keinen Schlupfwinkel, in den ich mich zurückziehen kann vor diesem Gott, keinen Ausweg, durch den ich ihm entrinnen kann: Wohin sollte ich denn fliehen vor dem Angesicht dieses Gottes? Wie geht es Ihnen mit dieser Vorstellung, dass Gott uns von allen Seiten umgibt?

Hier kann ein Gespräch zwischen Prediger(in) und den Hörerinnen und Hörern geführt werden anhand von zwei Leitfragen:
— *Was geht Ihnen durch den Sinn, wenn Sie die Worte hören: Von allen Seiten umgibst du mich, Gott?*
— *Wecken diese Worte eher positive oder negative Gefühle oder Assoziationen?*

Wir können offenbar den 139. Psalm ganz unterschiedlich hören, ihn ganz unterschiedlich verstehen und mitbeten. Ich lade Sie ein, sich heute darauf einzulassen, die Worte dieses Psalms positiv zu hören, als ein Dankgebet, als ein Dank an Gott, der uns stets umgibt und uns nachgeht, wenn wir uns von ihm entfremdet haben: „Herr, du erforschst mich und kennst mich", so beginnt dieser Psalm. Können wir hinter dem Du, das mich bis ins Letzte kennt, den Einen sehen, der es ernst mit mir meint, der sich die Zeit nimmt, mein Inneres zu erforschen, der nach den Motiven sucht, die mich dazu führen, das eine zu tun und das andere zu lassen? Können wir hinter diesem Gott, der mein Innerstes erforscht, das Du ahnen, das mich erst zu einem Ich werden lässt? Können wir in ihm das Du erkennen, das mich wirklich kennt und das mich der sein lässt, der ich bin? Das Du, das es mir ermöglicht, über mich selbst hinauszugehen?

„Du verstehst meine Gedanken von ferne", so heißt es in unserem Psalm. Gott als unser Gegenüber kennt uns besser, als wir uns selbst kennen. Wir Menschen sind uns schließlich oft selbst unbekannt, wissen manchmal selbst nicht, warum es uns so und nicht anders geht, warum wir handeln, wie wir handeln. Wir haben manchmal keinen rechten Zugang zu unseren Gefühlen, wissen selbst nicht, was mit uns gerade los ist, warum wir uns heute beschwingt und morgen ausgebrannt fühlen. Selbst unsere eigenen Gedanken sind uns manchmal fremd, sodass wir darüber erschrecken müssen. Wir stehen manchmal hilflos vor der Frage, was gut für uns ist und wohin der richtige Weg führt.

Gott als das große Du ist bei mir, auch wenn ich mir selbst fremd werde. Er lässt mich nicht los, wohin ich auch gehe. Er sieht meinen Weg, der vor mir liegt, noch bevor ich ihn beschritten habe. Er hört meine Worte, noch bevor ich sie gesprochen oder gedacht habe: „Ich gehe oder liege, so bist du um mich und siehst alle meine Wege. Denn siehe, es ist kein Wort auf meiner Zunge, das du, Herr, nicht schon wüsstest."

Gott ist mir als dieses Du nahe, wohin ich auch gehe. Er begegnet mir in den Menschen, denen ich vertraue. Denn auch sie können mir zum Gegenüber werden, sie werden mir zum Du, wenn ich mich auf sie einlasse, und in diesem Du kann ich hin und wieder dem Du Gottes nahe kommen. Gott als diesem mich von allen Seiten umgebenden Du kann ich nicht entfliehen, selbst wenn ich mich zurückziehe. Selbst in der Einsamkeit gibt es die Sehnsucht nach dem Du, nach Begegnung. Deshalb kann ich Gott auch nicht davonlaufen, als dem Grund allen Seins und aller Begegnung: „Wohin soll ich fliehen vor deinem Angesicht?" Ich kann das Du Gottes zwar ignorieren, ich kann es übertönen durch den Lärm und die Hektik der Stadt, kann es überdecken durch andauernde Zerstreuung. Aber letztlich will ich diesem Du nicht entfliehen, ich brauche es. Weil mich dieses Du nicht loslässt, wohin ich auch gehe, kann ich mich annehmen, wie ich bin. Ich kann mich fallen lassen, in die Hände dieses Gottes, weil er mich nicht fallen lassen wird. Weil er mir zum Du wird, kann ich mich auf das Wagnis einlassen, mich einem menschlichen Du zu öffnen. Weil er mich von allen Seiten umgibt, kann ich mich dem Risiko aussetzen, verletzt zu werden. Denn das göttliche Du wird mich auffangen, wenn ich straucheln oder stürzen sollte.

„Wohin soll ich gehen vor deinem Geist, und wohin soll ich fliehen vor deinem Angesicht?" Das sind keine Worte eines Menschen, der Gott los sein will. Es ist die Reflexion der Zeiten, in denen wir Gott in den Hintergrund drängen, ihm nur noch einen Nebenraum in unserem Herzen einräumen. Zeiten, in denen wir Gott kaum mehr gespürt haben, in denen wir an ihm gezweifelt oder mit ihm in unserer Verzweiflung gerungen haben. Dennoch ließ es Gott nicht zu, dass wir uns von ihm gänzlich abgewendet haben. „Führe ich gen Himmel, so bist du da; bettete ich mich bei den Toten, siehe, so bist du auch da. Nähme ich Flügel der Morgenröte und bliebe am äußersten Meer", selbst dann käme ich nicht von Gott los, von diesem Du, in das hinein ich mich fallen lassen kann, dessen Nähe mich immer wieder heil macht, der mich immer wieder ganz werden lässt.

„Du hast meine Nieren bereitet und hast mich gebildet im Mutterleibe. Ich danke dir dafür, dass ich wunderbar gemacht bin." Ein neuer Gedanke in diesem so reichen und vielfältigen Psalm, in dem das im Mutterleib entstehende Kind zum Bild wird für unsere Nähe zu Gott. Schon vor dem Beginn meines Lebens – im Mutterleib – wurde mir Gott zum Du. Er hat mich wunderbar gebildet, zu dem gemacht, der auf sein Du antworten und mit ihm in einen Dialog treten kann. Gott umgibt mich von allen Seiten. Das gilt nicht nur in der Gegenwart, sondern galt schon während der Zeiten, die vergangen sind. Von Geburt an hat Gott mich begleitet, hat mich in seiner Hand gehalten. Deshalb ist die Hoffnung nicht unbegründet, dass er dies auch in der Zukunft tun wird. Selbst von der Zeit, in der ich mich bei den Toten bettete, wie es der Psalmbeter formuliert, heißt es: „Siehe, so bist du auch da."

„Deine Augen sahen mich, als ich noch nicht bereitet war". Gott sieht mich mit meinen Möglichkeiten, er sieht, was noch werden kann. Seine Augen machen Mut und helfen, die Möglichkeiten zu ergreifen, die noch vor mir liegen. Gott begegnet uns als das große Du, das uns selbständig werden lässt, zu einer eigenständigen Persönlichkeit, einem Ich, das auf sein Du antwortet.

Darum ist es eine wunderbare Verheißung, wenn der Psalmbeter betet: „Von allen Seiten umgibst du mich und hältst deine Hand über mir." Der Gott, von dem das gilt, will der Grund sein, dass wir voll Vertrauen unseren Weg gehen. Er will uns die Gewissheit schenken, dass nichts und niemand uns aus seiner Hand reißen kann, selbst wenn wir fallen.

LIED

Bewahre uns, Gott (EG 171)

FÜRBITTEN

1. Sprecher(in):
Lasst uns bitten um Gottes Begleitung
auf den Wegen, die uns unsere Füße führen,
dass er uns leite Tag für Tag,
gerade auch in den schweren Zeiten
und auf den dunklen Wegen:

Wir rufen und singen: Herr erbarme dich!
Die Gemeinde singt: Herr, erbarme dich (EG 178.10).

2. Sprecher(in):
Lasst uns für die Menschen bitten,
die uns begleiten auf unseren Wegen,
für unsere Eltern, Partner, Kinder und Enkel,
aber auch unsere Freunde und Nachbarn,
dass Gott ihnen beistehe:

Wir rufen und singen: Herr erbarme dich!
Die Gemeinde singt: Herr, erbarme dich (EG 178.10).

3. Sprecher(in):
Lasst uns bitten für die Verstorbenen,
die in unserer Mitte fehlen,
dass sie in Gottes Haus bewahrt bleiben,
dass Gott denen Trost schenke, die um sie trauern,
und ihnen helfe, wieder Wege zurück ins Leben
zu finden:

Wir rufen und singen: Herr erbarme dich!
Die Gemeinde singt: Herr, erbarme dich (EG 178.10).

1. Sprecher(in):
Lasst uns bitten für die Menschen,
die sich auf ihren Wegen verlaufen haben
und den rechten Weg nicht mehr finden,
dass Gott sie nicht allein lässt in ihren schweren Zeiten
und seine Hand segnend über sie halte.

Dass er sie nicht verloren gehen lasse,
damit sie zuletzt als Gesegnete ihren Weg finden:

Wir rufen und singen: Herr erbarme dich!
Die Gemeinde singt: Herr, erbarme dich (EG 178.10).

2. Sprecher(in):
Lasst uns bitten für die Menschen,
die ohne Gott leben zu können glauben,
die ihn beiseite schieben oder gar bekämpfen,
dass Gott ihre Schritte lenke.
Dass er sie zurückkehren lasse auf den Weg,
der zu ihm führt,
damit sie in ihm Heimat und Geborgenheit finden.

Wir rufen und singen: Herr erbarme dich!
Die Gemeinde singt: Herr, erbarme dich (EG 178.10).

STILLE

VATER UNSER

SEGEN

MUSIK

12 | *Ich singe dir mit Herz und Mund –*
Meditativer Abendgottesdienst für Sängerinnen und Sänger

CHORSTÜCK

BEGRÜSSUNG
Im Namen Gottes des Vaters, der uns und alle Kreatur geschaffen hat,
im Namen des Sohnes, der uns befreit singen lässt,
und im Namen des Heiligen Geistes, der uns ein neues Lied auf die Lippen legt.

Ich begrüße Sie herzlich zum heutigen Abendgottesdienst mit dem Thema: „Ich singe dir mit Herz und Mund". Wir wollen am heutigen Abend mit vollem Herzen Lieder singen und damit Gott loben und preisen. Darüber hinaus wollen wir gemeinsam darüber nachdenken, was wir tun, wenn wir unsere Stimme erheben und einstimmen in den Lobgesang der Schöpfung.

KANON
Ruhet von des Tages Müh (EG 492)

PSALM 40
1. Sprecher(in):
Ich setze mein Vertrauen auf Gott,
denn er neigte sich zu mir und hörte auf mein Schreien.
Er zog mich aus der grausigen Grube,
aus dem Schmutz und Schlamm.
Er stellte meine Füße auf festen Boden,
dass ich wieder aufrecht stehe.

2. Sprecher(in):
Ich setze mein Vertrauen auf Gott,
denn er gibt mir ein neues Lied,
er öffnet meinen Mund,
dass ich ihn wieder fröhlich lobe.
Und so singe ich von seinen Wundern
und preise seine Güte,
die er an mir bewiesen hat.

1. Sprecher(in):
Ich setze mein Vertrauen auf dich, meinen Gott,
denn du hast mich in dein Buch geschrieben,
dass ich nicht vergehen muss.
Deshalb tue ich deinen Willen mit Freude
und bewahre dein Gesetz in meinem Herzen.
Ich singe von deiner Gerechtigkeit vor aller Augen
und lasse mir meinen Mund nicht verbieten.

2. Sprecher(in):
Ich setze mein Vertrauen auf dich, meinen Gott,
denn du bist ein Retter aus meiner inneren Not,
die mich gefangen nimmt und mir über den Kopf wächst.
Du wendest deine Barmherzigkeit nicht von mir, Gott,
und behütest mich mit deiner Güte und Treue.
Du kommst, mich zu erretten und eilst, mir zu helfen.
Darum lobe ich dich, Gott, und preise deinen Namen:

LIED
  Sollt ich meinem Gott nicht singen (EG 325,1–2.5.10)

KYRIE
  Ich will dir singen, Gott,
  und doch kommt mir nur ein Klagelied über die Lippen,
  keine schönen Worte, sondern Töne voller Dissonanz.
  Meine innere Traurigkeit nimmt mich gefangen,
  meine Kehle ist wie zugeschnürt.
  Mein Mund will sich nicht öffnen,
  um dir zu danken, Gott.

Ich kann nicht einstimmen in das Loblied
meiner Schwestern und Brüder,
ich ziehe mich zurück.
Ich brauche deine Hilfe, Gott,
damit ich meine Stimme wieder erheben kann
mit den Vielen,
vor dir zu singen:

LIEDRUF
Kyrie, Kyrie eleison (EG 178.12)

GLORIA
Du gibst mir ein neues Lied,
dass ich trotz allem singen kann.
Du öffnest meine Augen,
dass ich das Schöne erkenne,
dass ich wieder dankbar werde.
Du öffnest mir meinen Mund,
dass ich mit einstimme in das Lied der Vielen.
Du öffnest mein Herz,
dass ich wieder fröhlich werde,
dass die Stimme des Grolls zur Ruhe kommt.
Du erfüllst mich mit Atemluft,
dass ich meinen Körper spüre
und zu mir selbst komme.
Du schenkst mir ein neues Lied,
ein Lied, das vom Leben singt,
von der Dankbarkeit und der Freude.
Darum singe ich dir zu Ehre
und stimme ein in das Lob der Vielen:

LIEDRUF
Freuet euch im Herrn (EG 789.3[37])

---

37 EG 579 im Regionalteil der Ev. Kirche im Rheinland, der Ev. Kirche von Westfalen und der Lippischen Landeskirche sowie der Ev.-reformierten Kirchen in Bayern und Nordwestdeutschland und der Ev.-altreformierten Kirche in Niedersachsen. EG 698 im Regionalteil der Ev.-Lutherischen Kirchen in Bayern und Thüringen.

GEBET
>   Wir danken dir, guter Gott,
>   dass du uns Lieder schenkst,
>   mit denen wir dich gemeinsam loben können.
>   Öffne uns in dieser Abendstunde den Mund,
>   dass wir einstimmen in das Lob,
>   das die ganze Schöpfung dir zur Ehre singt.
>   Öffne unsere Herzen,
>   dass wir offen werden
>   für die Schönheit des Lebens.
>   Lass uns im Singen den Weg zu dir finden,
>   dass wir uns von den Liedern tragen
>   und anstecken lassen, die deinen Namen preisen.

LIED
>   Ich singe dir mit Herz und Mund (EG 324,1–4.7.13)

LESUNG (1.Samuel 16,14–23)
>   *1. Sprecher(in):*
>   Der Geist des Herrn aber wich von Saul, und ein böser Geist vom Herrn ängstigte ihn. Da sprachen die Großen Sauls zu ihm:
>
>   *2. Sprecher(in):*
>   Siehe, ein böser Geist von Gott ängstigt dich. Unser Herr befehle nun seinen Knechten, die vor ihm stehen, dass sie einen Mann suchen, der auf der Harfe gut spielen kann, damit er mit seiner Hand darauf spiele, wenn der böse Geist Gottes über dich kommt, und es besser mit dir werde.
>
>   *1. Sprecher(in):*
>   Da sprach Saul zu seinen Leuten:
>
>   *3. Sprecher(in):*
>   Seht euch um nach einem Mann, der des Saitenspiels kundig ist, und bringt ihn zu mir.

1. Sprecher(in):
Da antwortete einer der jungen Männer und sprach:

2. Sprecher(in):
Ich habe gesehen einen Sohn Isais, der in Bethlehem wohnt, der ist des Saitenspiels kundig, ein tapferer Mann und tüchtig zum Kampf, verständig in seinen Reden und schön gestaltet, und der Herr ist mit ihm.

1. Sprecher(in):
Da sandte Saul Boten zu Isai und ließ ihm sagen:

3. Sprecher(in):
Sende zu mir deinen Sohn David, der bei den Schafen ist.

1. Sprecher(in):
Da nahm Isai einen Esel und Brot und einen Schlauch Wein und ein Ziegenböcklein und sandte es Saul durch seinen Sohn David. So kam David zu Saul und diente vor ihm. Und Saul gewann ihn sehr lieb, und er wurde sein Waffenträger.
Und Saul sandte zu Isai und ließ ihm sagen:

3. Sprecher(in):
Lass David mir dienen, denn er hat Gnade gefunden vor meinen Augen.

1. Sprecher(in):
Sooft nun der böse Geist von Gott über Saul kam, nahm David die Harfe und spielte darauf mit seiner Hand. So wurde es Saul leichter, und es ward besser mit ihm, und der böse Geist wich von ihm.

STILLE

LIED
: Ich lobe meinen Gott, der aus der Tiefe mich holt (EG 638[38])

ANSPRACHE
: Saul, der erste König des Volkes Israel, wird von tiefen Depressionen geplagt. Vielleicht fühlt er sich überfordert, seinen Aufgaben als König nicht gewachsen. Er wird von Selbstzweifeln geplagt und fühlt sich ohnmächtig. Wo ist der strahlende und tatkräftige Mann geblieben, dem die Menschen einst zugejubelt haben? In seiner Depression kann Saul es nicht ertragen, unter die Leute zu gehen. Er zieht sich zurück, will allein sein, sehnt sich nur noch nach Ruhe, nach dem erlösenden Schlaf.

Nicht nur Saul ist niedergeschlagen, auch seine engsten Berater sind es. Ein König kann sich doch nicht einfach zurückziehen. Er muss repräsentieren, muss wenigstens den Anschein erwecken, die Regierungsgeschäfte im Griff zu haben. Darum überlegen sie fieberhaft, wie sie Saul helfen können, wie das Dunkle aus seinen Gedanken und Gefühlen verbannt werden kann. Und dann haben sie eine Idee: Er braucht den harmonischen Klang, der die Misstöne seiner Gedanken und Gefühle zur Ruhe bringt. Er braucht Musik, Harfenspiel und Gesang, damit seine Niedergeschlagenheit weicht und sein Herz von der Last der Depression befreit wird. Die Musik wird ihn vielleicht wieder mit inwendiger Fröhlichkeit erfüllen.

---

[38] EG 585 im Regionalteil der Ev.-Lutherischen Kirchen in Niedersachsen und der Bremischen Ev. Kirche. EG 673 im Regionalteil der Ev. Kirche im Rheinland, der Ev. Kirche von Westfalen und der Lippischen Landeskirche sowie der Ev.-reformierten Kirchen in Bayern und Nordwestdeutschland und der Ev.-altreformierten Kirche in Niedersachsen. EG 615 im Regionalteil der Ev.-Lutherischen Kirchen in Bayern und Thüringen. EG 611 im Regionalteil der Ev. Landeskirche in Württemberg. EG 628 im Regionalteil der Ev. Landeskirche in Baden und der Ev. Kirche der Pfalz.

Und so wagen es die engsten Mitarbeiter des Königs, ihm ihren Vorschlag zu unterbreiten. Sie gehen hinein in sein Gemach und schlagen ihm vor, nach einem Mann suchen zu lassen, der des Harfenspiels kundig ist. Und – welch Wunder – Saul lässt sich darauf ein. Er will, dass alles getan wird, um ihn von seinen Depressionen zu befreien. Bald ist der richtige Musiker gefunden: der Hirtenjunge David aus Bethlehem. Er ist ein begnadeter Harfenspieler und auch ein Dichter, der seine Verse zur Harfe singt.

Von nun an spielt David seine Musik, immer wenn Saul von seiner Depression umfangen ist. Und vielleicht singt er dazu auch. Jedenfalls ist die Musik ein gutes Mittel gegen die Depression. Saul wird durch sie herausgeholt aus seiner Einsamkeit und befreit von seinen dunklen Gefühlen. Er kann seinen Aufgaben nun wieder leichter nachgehen als zuvor. Und so gewinnt er David lieb. Er macht ihn zu seinem Waffenträger und nimmt ihn auf in den Kreis seiner engsten Mitarbeiter.

Nach alttestamentlicher Vorstellung waren die Depressionen, die Saul heimsuchten durch einen bösen Geist verursacht, eine Vorstellung, die uns heute fremd ist. Wenn Sie auf die Worte der Lesung genau geachtet haben, dann ist Ihnen aufgefallen, dass nach dieser Vorstellung der böse Geist sogar von Gott geschickt wurde. Gott wird hier als der Verursacher der Depression gedacht. Wir fragen uns unwillkürlich, ob eine solche Vorstellung Gott gerecht wird. Dürfen wir uns Gott als den denken, der uns Krankheit und Leid schickt, die tiefe Niedergeschlagenheit und Depression?

Doch ganz so fern ist uns Heutigen diese Vorstellung nicht, dass auch das Dunkle von Gott kommt. Wer in den Schatten einer lebensgefährlichen Krankheit oder der Trauer gefangen ist, fragt ganz unwillkürlich nach dem Warum. Warum lässt Gott das zu? Warum schickt er mir das Leid, warum nimmt er mir einen geliebten Menschen, warum befreit er mich nicht aus dem Loch, in das ich geraten bin?

Von hier ist es gar nicht weit zu der Vorstellung, dass Gott es ist, der nicht nur das Gute gibt, sondern auch das Leid schickt. Es ist nicht zu verstehen, es ist und bleibt ein unauflösbares Paradox: Dass der Gott, den wir als den Liebenden kennen, dem wir unsere innersten Gedanken sagen, den wir um Erlösung bitten, dass er auch der ist, der das Leid schickt. Warum, warum schickt er eine tiefe Depression? Diese Frage wird sich auch Saul gestellt haben und auch seine engste Umgebung. Und sie deuten die Krankheit so: Es ist ein böser Geist von Gott, der Saul zu einem anderen Menschen werden lässt, der aus dem strahlenden Helden von einst einen müden, schlecht gelaunten Mann macht. Vielleicht sind ja auch beide Vorstellungen auf geheimnisvolle Weise miteinander verwoben, dass die Depression dem König von Gott gesandt wird oder dass sie ein Anzeichen für seine Überforderung ist. Jedenfalls gibt Gott Saul das Mittel, mit dem er einen Weg herausfinden kann aus seiner inneren Depression: die Musik. Sie befreit ihn von den Schatten seiner Krankheit. Durch den Klang der Harfe und den dazugehörenden Gesang wird sein Geist wieder hell und klar.

Die Musik, das macht die Erzählung von Saul und David deutlich, ist eine gute Gabe Gottes. Das Spielen eines Instruments, das Singen eines Liedes lässt uns wieder zu uns selbst kommen. Vielleicht kann man sogar sagen, dass wir im Musizieren dem Bild besonders nahe kommen, zu dem uns Gott geschaffen hat.

LIED
In dir ist Freude in allem Leide (EG 398)

FÜRBITTEN
1. Sprecher(in):
Ein frohes und dankbares Lied fällt uns nicht
immer leicht.
In unser Danken bricht oft die Klage,
in unsere Freude die Sorge.

Wir bitten dich, dass wir trotz allem,
was unser Leben verdunkelt,
deine Liebe wahrnehmen und deine Treue spüren.

Wir rufen und singen: Herr, erbarme dich!
Die Gemeinde singt: Herr, erbarme dich (EG 178.10).

2. Sprecher(in):
Wir bitten dich für die Menschen,
denen Leid und Sorgen den Mund verschlossen haben,
dass sie nicht mehr singen, sondern nur noch seufzen können.
Lass ihnen dein Licht leuchten,
damit die Schatten aus ihren Herzen weichen.

Wir rufen und singen: Herr, erbarme dich!
Die Gemeinde singt: Herr, erbarme dich (EG 178.10).

1. Sprecher(in):
Wir bitten dich für die Mutlosen und Einsamen,
die Kranken und die Trauernden,
die dich nicht mehr loben können, sondern weinen.
Trockne ihre Tränen und schenke ihnen neue Hoffnung.

Wir rufen und singen: Herr, erbarme dich!
Die Gemeinde singt: Herr, erbarme dich (EG 178.10).

2. Sprecher(in):
Wir bitten dich für alle, die singen
und sich an der Musik erfreuen,
dass sie darin dein Rufen hören
und sich deiner Liebe öffnen.
Hilf uns, dass wir dir zur Ehre singen
und dein Lob vor aller Welt verkündigen.

Wir rufen und singen: Herr, erbarme dich!
Die Gemeinde singt: Herr, erbarme dich (EG 178.10).

STILLE

LIED
> Vater unser (EG 188)

AKTION[39]
> Zum Singen gehört das Atmen. Wir können Töne nur bilden, indem unsere Stimmbänder zum Schwingen gebracht werden durch die Luft, die wir vorher eingeatmet und empfangen haben.
> Lassen Sie uns einige Atemübungen machen. Beim Einatmen denken wir an alles, was wir empfangen in unserem Leben, wofür wir Gott loben und ihm danken können. Und beim Ausatmen lassen wir alle dunklen Gefühle hinaus, allen Groll, alle Klage.
> Wir tun das, indem wir uns an unserem Platz hinstellen und mit beiden Beinen den Boden unter uns spüren und beim Einatmen die Arme zum Himmel erheben und beim Ausatmen senken.

LIED
> Hinunter ist der Sonne Schein (EG 467)

SEGEN

CHORMUSIK

---

39 Die Aktion kann auch als Einstimmung zu Beginn des Gottesdienstes durchgeführt werden.

13 | *Ich träume von einer Kirche –*
Meditativer Abendgottesdienst für Visionäre

MUSIK

LIED
Komm, o komm, du Geist des Lebens (EG 134,1–2)

BEGRÜSSUNG UND EINSTIMMUNG
„Lobe den Herrn, meine Seele, und vergiss nicht, was er dir Gutes getan hat". Mit diesen Worten aus Psalm 103 begrüße ich Sie herzlich zum heutigen Gottesdienst. Es fällt uns oft schwer, nicht zu vergessen, wie gut es Gott mit uns immer wieder meint, wie es der Psalmbeter seiner eigenen Seele eindringlich nahe legt. Wir wissen in der Regel viel schneller, was Gott nicht gut macht in unserem Leben. Wir sehen eher auf die Verletzungen und auf das, was uns weh tut.

Ich lade Sie heute ein, nach dem zu suchen, wofür wir dankbar sein, wofür wir Gott loben können. Ich bin davon überzeugt, dass uns das gut tut. Denn ein dankbarer Mensch wird nicht nur Gottes Spuren in seinem Leben finden, sondern sich innerlich verändern. Die dunklen Gefühle, der Neid und die Unversöhnlichkeit werden durch den Dank und das dankbare Herz vertrieben.

LIED
Der Tag ist um, die Nacht kehrt wieder (EG 490)

PSALM 118
> *1. Sprecher(in):*
> Ich danke dir, Gott, denn du bist freundlich
> und deine Güte währet ewiglich.
> Du bist meine Macht und mein Heil.
> Ich singe von deinem Sieg mit Freuden:
> Deine Rechte behält den Sieg,
> auch über die Pforten des Todes und der Hölle.
> Deine Rechte behält den Sieg.
>
> *2. Sprecher(in):*
> Ich werde nicht sterben, sondern leben
> und deine Wunderwerke verkündigen, Gott.
> Auch wenn du mir schweres Leid schickst,
> gibst du mich doch nicht dem Tode preis.
> Du tust mir auf die Tore deines Hauses,
> dass ich durch sie einziehe und dir danke.
>
> *1. Sprecher(in):*
> Ich danke dir, Gott, denn du bist freundlich
> und deine Güte währet ewiglich.
> Du bist meine Macht und mein Heil.
> Ich singe von deinem Sieg mit Freuden:
> Deine Rechte behält den Sieg,
> auch über die Pforten des Todes und der Hölle.
> Deine Rechte behält den Sieg.
>
> *2. Sprecher(in):*
> Ich danke dir, Gott, du hast mein Gebet erhört
> und mir auf mein Bitten hin geholfen.
> Der Stein, den die Bauleute verworfen haben,
> ist zum Eckstein geworden.
> Das ist dein Werk, ein Wunder in meinen Augen.
> Du hast diesen Tag gemacht,
> an dem ich mich freuen kann
> und mein Herz fröhlich ist.
>
> *1. Sprecher(in):*
> Ich danke dir, Gott, denn du bist freundlich
> und deine Güte währet ewiglich.

Du bist meine Macht und mein Heil.
Ich singe von deinem Sieg mit Freuden:
Deine Rechte behält den Sieg,
auch über die Pforten des Todes und der Hölle.
Deine Rechte behält den Sieg.

2. Sprecher(in):
Ich lobe dich, Gott, denn du lässt mich nicht allein.
Deine Hand ist bei denen, die in deinem Namen mir helfen,
du segnest ihr Tun und legst ihnen dein Wort auf die Zunge.
Darum schmücke ich deinen Altar mit Blumen,
ich bereite ein Fest, um dir zu danken.
Ich lobe dich, Gott, und preise deinen Namen
mit allen, die auf dich trauen:

LIEDRUF
Jubilate Deo (EG 181.7)

KYRIE
Himmlischer Vater,
wir kommen heute zu dir in dein Haus
mit unserem Dank für das, was uns gelang,
mit unserer Klage über das, was missglückte,
mit unserer Hoffnung,
dass du in unserem Leben zurechtbringst,
was unter unseren Händen zerbrach.
Wir kommen zu dir
mit der Unruhe der Woche,
die hinter uns liegt.
Nimm von uns, Gott,
was uns belastet
und gib uns die Kraft,
zu tun, was du willst.
Darum kommen wir zu dir und singen:

LIEDRUF
Kyrie eleison (EG 178.9)

GLORIA
> Lobe den Herrn, meine Seele ,
> und was in mir ist, seinen heiligen Namen.
> Lobe den Herrn, meine Seele
> und vergiss nicht, was er dir Gutes getan hat.
> Wir kommen heute zu dir,
> weil du uns immer wieder Gutes tust,
> weil du uns annimmst
> und uns in deine Gemeinde berufen hast.
> Wir danken dir, dass du deine Spuren ziehst
> durch unser Leben und durch das deiner Gemeinde.
> Deshalb loben wir dich und singen:

LIEDRUF
Halleluja, Halleluja (EG 181.5)

GEBET
> Allmächtiger Gott, lieber Vater,
> hier in deinem Haus ist gut sein.
> Hier, bei dir, möchten wir bleiben,
> den Zauber spüren,
> der den Ort umweht, an dem du wohnst.
> Wir wollen die Lieder nachsingen,
> die von dir erzählen
> und dann getröstet und gestärkt heimgehen
> in unsere Häuser und Wohnungen.
> Wir wollen uns aus der Kraft der Dankbarkeit
> verwandeln lassen und uns verändern, hin zu dir.
> Dies bitten wir im Namen deines Sohnes,
> der mit dir und dem heiligen Geist lebt und Leben schafft in Ewigkeit.

SCHRIFTLESUNG (Lukas 17,11–19)
> Und es begab sich, als Jesus nach Jerusalem wanderte, dass er durch Samarien und Galiläa hin zog. Und als er in ein Dorf kam, begegneten ihm zehn aussätzige Männer; die standen von ferne und erhoben ihre Stimme und sprachen: Jesus, lieber Meister, erbarme dich unser!

Und als er sie sah, sprach er zu ihnen: Geht hin und zeigt euch den Priestern! Und es geschah, als sie hingingen, da wurden sie rein.

Einer aber unter ihnen, als er sah, dass er gesund geworden war, kehrte er um und pries Gott mit lauter Stimme und fiel nieder auf sein Angesicht zu Jesu Füßen und dankte ihm. Und das war ein Samariter. Jesus aber antwortete und sprach: Sind nicht die zehn rein geworden? Wo sind aber die neun? Hat sich sonst keiner gefunden, der wieder umkehrte, um Gott die Ehre zu geben, als nur dieser Fremde? Und er sprach zu ihm: Steh auf, geh hin; dein Glaube hat dir geholfen.

STILLE

LIED
Von Gott will ich nicht lassen (EG 365,1–4)

PREDIGT
Viele von Ihnen haben in den vergangenen Tagen die Entscheidungen bei den Olympischen Spielen verfolgt, sie im Fernsehen gesehen oder in der Tageszeitung wahrgenommen.[40] Manche Wettkämpfe werden Sie mit Spannung verfolgt haben. Vielleicht ging es aber manchem von Ihnen wie mir: Gerade bei den Spitzenleistungen, bei der Flut an neuen Weltrekorden und außergewöhnlichen Zeiten stellte sich mir die Frage, ob alles mit rechten Dingen zugegangen ist oder ob die frisch gebackenen Sieger nicht mit unerlaubten Mitteln ihre Leistung verbessert haben.

Und mit dieser Einschätzung stehe ich ja nicht allein. Alle Experten sind sich einig: Saubere Spiele gibt es nicht mehr in einer Zeit, in der sich die Medaillen oder neuen Weltrekorde vermarkten lassen und die Erfolg-

---

[40] Es kann hier natürlich auf jedes gerade aktuelle Sportereignis hingewiesen werden (Tour de France, Welt- oder Europameisterschaft o.ä.).

reichen im Anschluss an die Olympiade viel Geld verdienen können durch lukrative Werbeverträge.

Und so ist es in Peking, wie bei anderen Spielen vor vier, acht oder zwölf Jahren: Im Spitzensport gibt es keine Chancengleichheit, gerade die Ehrlichen, die Gutmeinenden sind am Ende häufig die Dummen. Vielleicht sind die Olympischen Spiele in Peking sogar diejenigen, bei denen so viel geschummelt wurde wie noch nie. Und das gilt wohl auch für den Rahmen, für die Menschenrechtsverletzungen in China, von denen die Welt möglichst wenig erfahren soll, für die Reglementierung der ausländischen Medienvertreter, für die Unterdrückung der freien Meinungsäußerungen.

Im Laufe der Zeit hat sich die olympische Idee kaufen lassen, hat sich den Verhältnissen der Macht angepasst, die in unserer Welt herrschen. Von den Visionen des Beginns ist wenig übrig geblieben.

Wie anders sind die Töne, die der Predigttext aus dem 5. Kapitel des 1. Thessalonicherbriefs anschlägt. Diese Worte stammen aus dem ältesten Buch des Neuen Testaments, sind also ganz dicht an der Botschaft Jesu dran. Es sind Worte, die eine Vision erkennen lassen von einer Gemeinschaft, die sich den Verhältnissen dieser Welt entzieht:

Paulus schreibt: Wir ermahnen euch aber, liebe Brüder: Weist die Unordentlichen zurecht, tröstet die Kleinmütigen, tragt die Schwachen, seid geduldig gegen jedermann. Seht zu, dass keiner dem andern Böses mit Bösem vergelte, sondern jagt allezeit dem Guten nach untereinander und gegen jedermann.

Seid allezeit fröhlich,
betet ohne Unterlass,
seid dankbar in allen Dingen; denn das ist der Wille Gottes in Christus Jesus an euch.
Den Geist dämpft nicht.
Prophetische Rede verachtet nicht.

Prüft aber alles, und das Gute behaltet.
Meidet das Böse in jeder Gestalt.
Er aber, der Gott des Friedens, heilige euch durch und durch und bewahre euren Geist samt Seele und Leib unversehrt, untadelig für die Ankunft unseres Herrn Jesus Christus. Treu ist er, der euch ruft; er wird's auch tun.

In der Kirche, liebe Gemeinde, soll es nicht zugehen, wie wir es leider alle aus unserem Leben kennen, dass der Schlauere, der Trickreichere sich durchsetzt und der Ehrliche leer ausgeht. In der Gemeinde sollen andere Gesetze gelten, andere Werte, ein anderer Ton im Umgang. Darum möchte ich Ihnen als meiner Gemeinde eine Liebeserklärung machen:

Ich liebe die Kirche, ich liebe meine Gemeinde. Ich erlebe meine Kirche als Heimat, als einen Ort, an dem ich mich zu Hause fühlen darf. Ich liebe meine Kirche, weil sie mir Trost schenkt in schwerer Zeit, weil ich mich hier getragen weiß, verbunden mit vielen Menschen, die mir wichtig sind: Mit meinen Eltern und längst verstorbenen Großeltern, mit meinen Kindern, mit meinen Freunden. Ich liebe meine Kirche, weil in ihr eine Gemeinschaft möglich ist, die gut tut und stärkt. Ich liebe meine Kirche, weil in ihr Begegnungen möglich sind, die mein Leben prägen und bereichern.

Ich liebe meine Kirche, weil ich hier schwach sein darf, weil mir Schuld vergeben wird, weil ich hier angenommen werde, wie ich bin. Ich liebe meine Kirche, wenn hier der Umgang miteinander geprägt ist von Liebe und Geduld. Ich liebe meine Kirche, wo sie sich für das Gute, für Frieden und Gerechtigkeit einsetzt.

Ich liebe meine Kirche, wenn in ihr ein fröhliches Christentum gelebt wird, wenn die Gesichter strahlen und Freude einkehrt. Ich liebe meine Kirche, wenn in ihr eine Atmosphäre der Dankbarkeit herrscht und kleinlicher Kritik der Boden entzogen wird. Ich liebe meine Kirche, wenn sich in ihr die Menschen entfalten können, wenn die unterschiedlichen Gaben gewürdigt werden und zum Zuge kommen. Ich liebe meine Kirche, wo sie offen ist für neue Ideen, wo sie Visionen entwickelt und Ziele verfolgt.

Ich liebe meine Gemeinde, weil ich mich getragen weiß von den Gebeten meiner Brüder und Schwestern, von dem Segen Gottes, der mir am Ende eines jeden Gottesdienstes zugesprochen wird. Ich liebe meine Kirche, weil ich ihr angehöre, weit über mein Erdenleben hinaus.

Und doch, liebe Gemeinde, ist das nur die eine Seite meines Bildes von Kirche, von unserer Gemeinde. Denn ich leide auch unter meiner Kirche, ich erlebe sie oft als uneindeutig, als rückwärtsgewandt, als moralisierend. Darum leide ich unter meiner Kirche, wo es in ihr nicht ordentlich zugeht, wo Entscheidungen nicht transparent getroffen werden, wo in ihr gemauschelt wird.

Ich leide unter meiner Kirche, wenn in ihr die Menschen kleingemacht werden, wenn nicht genügend Geduld aufgebracht wird für die Schwachen. Ich leide unter meiner Kirche, wenn der Umgang miteinander nicht von Fairness geprägt ist, sondern von Arroganz. Ich leide unter meiner Kirche, wenn es in ihr verbissen zugeht und die Fröhlichkeit des Glaubens zu schwinden droht.

Ich leide unter meiner Kirche, wenn in ihr geistliche Aufbrüche verhindert werden, wenn dem Geist Gottes kaum mehr Raum gelassen wird, weil alles fest geregelt und geordnet ist. Ich leide unter meiner Kirche, wenn sie ihre Ziele und Visionen aus den Augen verliert, wenn sie ihrem Auftrag nicht mehr gerecht wird, in alle Welt hinauszugehen, um das Evangelium von Jesus Christus zu verkünden.

Ich leide unter meiner Kirche, wenn sie zu schnell Kompromisse schließt, wenn sie nicht mutig ist. Ich leide unter meiner Kirche, wo sie nicht mehr offen ist für neue Ideen, wenn sie nicht mehr *alles* prüft, um das Gute zu behalten. Ich leide unter meiner Kirche, wenn sie der Wirklichkeit Gottes kaum mehr etwas zutraut. Ich leide unter meiner Kirche, wenn sie nicht mehr offen ist für die Wiederkunft Christi.

Und doch liebe Gemeinde, gebe ich die Hoffnung nicht auf, dass es in der Kirche anders zugeht als in der Welt. Ich bin davon überzeugt, dass trotz allem, was an der Kirche zu kritisieren ist, sie eine besondere Verheißung besitzt. Auch wenn es in ihr manchmal sehr menschlich zugeht, kann Gott in ihr wirken und kann dem Guten in ihr zum Sieg verhelfen. Darum wage ich es, darum habe ich einen Traum von meiner Kirche, wie sie sein kann, wie sie sein sollte. Jeder von Ihnen wird auch einen solchen Traum besitzen. Darüber möchte ich nun mit Ihnen ins Gespräch kommen, soweit das in einem Gottesdienst möglich ist. Gehen Sie in sich und stellen Sie sich die Kirche vor, wie sie sein sollte. Entwickeln Sie ein inneres Bild von der Kirche und dann schreiben Sie das auf.

Zwischenaktion

Die Teilnehmerinnen und Teilnehmer schreiben ihren Traum von einer Kirche auf Karten, die am Eingang zusammen mit Stiften ausgeteilt wurden. Diese Karten werden eingesammelt und auf geeignete Weise im Kirchenraum sichtbar gemacht. Einzelne Voten können vorgelesen werden oder nach dem Gottesdienst von den Teilnehmerinnen und Teilnehmern betrachtet werden.

Fortsetzung der Predigt

Ich habe einen Traum, dass in meiner Kirche gilt, was Paulus vor fast 2000 Jahren einer Gemeinde geschrieben hat, mit der er sich besonders eng verbunden wusste:

Weist die zurecht, deren Leben voller Unordnung ist. Tröstet die Kleinmütigen,

tragt die Schwachen,
seid geduldig gegen jedermann.
Vergeltet nicht Böses mit Bösem,
jagt dem Guten nach untereinander und gegen jedermann.
Seid fröhlich,
betet am Tage und in der Nacht,
seid dankbar.
Lasst den Heiligen Geist sich entfalten
und verachtet nicht die prophetische Rede.
Prüft alles, und das Gute behaltet.
Meidet das Böse in jeder Gestalt.

LIED
Es kennt der Herr die Seinen (EG 358,1–4.6)

FÜRBITTEN[41]
Dank sei dir, du Lebensquell,
Dank für Sonne und Regen,
Dank für alles, was lebt,
Dank für diese Gemeinde,
für die Schwestern und Brüder,
für die, die uns zu Müttern und Vätern
unseres Glaubens geworden sind.

Dank sei dir,
du Gott mit dem weiten Herzen.
Dank für die Kinder,
die du schenkst.
Dank für die Jungen und Mädchen,
die Dicken und Dünnen,
die Wilden und Stillen.

Dank für den Platz, den du mir in deiner Kirche zuweist,
auch ich darf hier heimisch sein.
Du sagst ja zu uns, Gott.

---

41 Nach Agende I der EKKW, 373f.

Wir können in dein Haus kommen
mit all den anderen auch,
den Schwierigen, Ungeliebten, Alleingelassenen.

Komm mit deiner Weite in unsere Enge,
komm mit deiner Großmut in unsere Kleinlichkeit,
komm mit deiner Liebe in unsere Angst,
damit wir leben,
damit alle leben
und du in uns.

Komm und ziehe deine Spuren in unserer Gemeinde,
öffne und weite unsere Herzen,
dass sich uns der Grund der Freude auftut,
dass wir der Liebe Raum schaffen,
die Möglichkeiten des Friedens aufspüren.
Lass uns dankbar sein, damit wir dem Leben gerecht
werden.

Komm in unser Leben,
und halte uns in Bewegung -
dass unser Danken nicht endet,
wenn wir in Tiefen fallen,
wenn es schwer wird,
wenn wir keine Aussicht mehr haben.

Komm in unser Leben,
dass unser Glaube nicht aufhört,
wenn gute Hoffnungen enttäuscht werden,
wenn das Misstrauen überhand nimmt,
wenn das Gewicht schlechter Erfahrungen
sich dem Lebensmut entgegenstellen.

LIED
    Das sollt ihr, Jesu Jünger, nie vergessen (EG 221)

WECHSELGRUSS

PRÄFATION
> Ja, es ist würdig, dir zu danken
> und es ist recht, dich zu preisen,
> heiliger Gott, Vater allen Lebens.
> Wir loben dich im Namen deines Sohnes,
> Jesus Christus.
>
> Ihn hast du zu uns gesandt,
> in diese Welt
> und hast uns durch ihn
> herausgerufen zu einer Gemeinde.
> In ihm haben wir die Hoffnung,
> dass dein Reich wächst und gedeiht mitten unter uns.
>
> Darum preisen wir dich mit allen,
> die zu deiner Gemeinde gehören
> und stimmen ein in den Lobpreis der Engel.

LIEDRUF SANCTUS (EG 709[42])

EINSETZUNGSWORTE

VATER UNSER

AGNUS DEI (EG 190.2)

FRIEDENSGRUSS

AUSTEILUNG

DANKGEBET
> Wir danken dir, gütiger Gott:
> Du hast uns eingeladen an deinen Tisch
> und hast uns gestärkt mit den Gaben deiner Güte.

---

[42] Ausgabe für die Evangelisch Lutherischen Kirchen in Bayern und Thüringen.

Wir bitten dich, lass uns hinfort dem Guten dienen,
lass uns die Traurigen trösten und die Schwachen tragen.
Lass uns geduldig miteinander sein.
Lass uns nicht Böses mit Bösem vergelten,
sondern dem Guten nachjagen.
Hilf uns offen zu bleiben für neue Ideen
und die guten behalten.
Und schenke uns, dass sich dein Heiliger Geist
unter uns entfaltet.

LIED
    Erneure mich, o ewigs Licht (EG 390)

SEGEN

MUSIK

14 *Auf der Suche nach dem Glück –*
Meditativer Abendgottesdienst

MUSIK

BEGRÜSSUNG UND EINSTIMMUNG
Wir feiern diesen Gottesdienst im Namen Gottes,
der uns geschaffen hat,
im Namen des Sohnes,
der uns befreit
und im Namen des Heiligen Geistes,
der mit uns ist, wohin wir auch gehen.

Ich begrüße Sie herzlich zum heutigen Abendgottesdienst mit dem Thema „Auf der Suche nach dem Glück". Wir wollen uns heute in diesem Gottesdienst auf die Suche machen nach der Freude und dem inneren Glück. Und das ist nicht ganz leicht, wie wir sehen werden. Denn das Glück und die innere Freude können wir uns nicht selbst verordnen, sondern immer nur empfangen.

Wir haben wohl alle eine Sehnsucht nach dem Glücklich-Sein, wollen unser Leben in innerer Zufriedenheit leben und uns freuen. Wenn wir uns nun auf die Suche nach dem inneren Glück machen, dann tun wir das mit unseren Erfahrungen, die wir mit dem Glück und der inneren Freude gemacht haben. Jeder von uns wird schon zahlreiche Momente des Glücks erlebt haben, in denen das Herz so voll war, dass es fast zerspringen wollte.

STILLE

Wir wollen uns nun in einer Zeit der Stille an solche Glücksmomente erinnern. Suchen Sie in Ihrem Herzen nach inneren Bildern, nach Augenblicken, an denen Sie glücklich waren. Vielleicht fallen Ihnen ja zwei oder drei ein. Es ist gut, solche Bilder zu haben. In dunklen Zeiten können sie uns stärken und wieder neuen Mut geben.

Lied
> Geh aus, mein Herz, und suche Freud
> (EG 503,1–2.8–10)

Psalm 1
> *1. Sprecher(in):*
> Glücklich ist,
> wer nicht zum Rat der Gottlosen gehört,
> wer sich nicht mit den Sündern auf den Weg macht
> und wer nicht im Kreis der Spötter sitzt.
> Er ist wie ein Baum,
> der am Wasser gepflanzt ist,
> der grünt und blüht
> und Frucht bringt zu seiner Zeit.
>
> *2. Sprecher(in):*
> Glücklich ist,
> wer Freude hat an den Geboten,
> die Gott seinem Volk gab,
> und wer sie sich Tag und Nacht zu Herzen gehen lässt.
> Er ist wie ein Baum,
> der am Wasser gepflanzt ist,
> der grünt und blüht
> und Frucht bringt zu seiner Zeit.
>
> *3. Sprecher(in):*
> Glücklich ist,
> wem Gott das Tun seiner Hände wohl geraten lässt.
> Sein Werk wird Bestand haben
> und nicht vergehen,
> wie der Wind die Spreu verweht.

Er ist wie ein Baum,
der am Wasser gepflanzt ist,
der grünt und blüht
und Frucht bringt zu seiner Zeit.

LIEDRUF
Freuet euch im Herrn (EG 789.3[43])

KYRIE
Ich freue mich.
Ich freue mich selten.
Ich freue mich viel zu selten.
Ich freue mich selten wirklich und echt.
Zu vieles verbaut mir die Freude
und den Blick für die Schönheit des Lebens.
Immer wieder blicke ich
auf das Dunkle, auf das, was fehlt.
Darum bitte ich dich, Gott, um Erbarmen
und singe: Kyrie eleison, Herr erbarme dich!

LIEDRUF
Kyrie, Kyrie eleison (EG 178.12).

GLORIA
Ich freue mich.
Ich freue mich trotz allem.
Ich freue ich mich und kann mich freuen,
auch wenn manches in meinem Leben nicht rund läuft,
mir manches fehlt.
Ich darf mich freuen,
weil du, Gott, mich reich beschenkst,
mich begabst mit Fähigkeiten und Talenten,
weil du mir Menschen zur Seite stellst,

---

[43] EG 579 im Regionalteil der Ev. Kirche im Rheinland, der Ev. Kirche von Westfalen und der Lippischen Landeskirche sowie der Ev.-reformierten Kirchen in Bayern und Nordwestdeutschland und der Ev.-altreformierten Kirche in Niedersachsen. EG 698 im Regionalteil der Ev.-Lutherischen Kirchen in Bayern und Thüringen.

die mich brauchen und bei denen ich mich zugleich geborgen weiß.
Darum will ich dir danken, Gott,
und deinen Namen loben,
du meine Hoffnung und meine Freude!

LIEDRUF
Meine Hoffnung und meine Freude (EG 697[44])

GEBET
Herr, unser Gott,
du bist uns nahe,
noch bevor wir zu dir kommen.
Du bist bei uns,
noch bevor wir uns aufmachen zu dir.
Du kennst unsere innere Armut und Leere
und unser Versagen, trotz unseres Willens zum Guten.
Du kennst unser Verlangen nach Freude und Glück,
unsere Sehnsucht nach Harmonie.
Fülle unsere leeren Hände mit deinem Leben,
beschenke uns mit wahrer Freude und mit deiner Liebe.
Darum bitten wir durch Jesus Christus,
der mit dir und dem Heiligen Geist lebt und Leben schafft in Ewigkeit.

LIED
Unser Leben sei ein Fest (EG 555[45])

---

[44] Ausgabe für die Evangelisch Lutherischen Kirchen in Bayern und Thüringen.
[45] EG 557 im Regionalteil der Ev.-Lutherischen Kirchen in Niedersachsen und der Bremischen Ev. Kirche. EG 571 im Regionalteil der Ev. Kirche im Rheinland, der Ev. Kirche von Westfalen und der Lippischen Landeskirche sowie der Ev.-reformierten Kirchen in Bayern und Nordwestdeutschland und der Ev.-altreformierten Kirche in Niedersachsen. EG 636 im Regionalteil der Ev. Landeskirche in Würtemberg.

SCHRIFTLESUNG (Matthäus 5,3–10)
> Glücklich sind, die arm sind vor Gott,
> denn ihnen gehört das Himmelreich.
> Glücklich sind, die Leid tragen,
> denn sie sollen getröstet werden.
> Glücklich sind die Geduldigen,
> denn sie werden die Erde besitzen.
> Glücklich sind, die nach Gerechtigkeit hungern und dürsten,
> denn sie sollen satt werden.
> Glücklich sind die Barmherzigen,
> denn sie werden Barmherzigkeit empfangen.
> Glücklich sind, die reinen Herzens sind,
> denn sie werden Gott schauen.
> Glücklich sind die Friedensstifter,
> denn sie werden Gottes Kinder genannt werden.
> Glücklich sind, die um der Gerechtigkeit willen verfolgt werden,
> denn ihnen gehört das Himmelreich.

MUSIK

ANSPRACHE

Ich möchte mich mit Ihnen heute auf die Suche machen nach der inneren Freude und dem Glück. Ich tue das, weil ich davon überzeugt bin, dass wir von Gott dazu geschaffen wurden, glücklich zu sein. Er will nicht, dass wir ein Leben führen ohne Freude. Wir sind nicht zum Unglücklichsein bestimmt, nicht zur Angst, zum Leiden, zur Trauer. Gott hat uns zum Glücklichsein geschaffen und das gilt trotz des Leides, dem wir immer wieder ausgesetzt sind, trotz aller Trauer und allem Unglück, das uns widerfahren kann.

Gott hat uns zum Glücklichsein bestimmt. Dass wir oft nicht glücklich sind, liegt zu einem guten Teil daran, dass wir gelernt haben, unglücklich zu sein. Viele von uns haben im Laufe ihres Lebens eine Anleitung zum Unglücklichsein erhalten. Und nun besitzen wir

Blockaden, die uns daran hindern, unser Glück wahrzunehmen und einfach glücklich zu sein.

Eine solche Blockade findet sich, Gott sei es geklagt, gerade im Raum der Kirche. Unter uns Christen gibt es viele Menschen, die nicht glauben können, zum Glück bestimmt zu sein. Besonders unter uns Protestanten hat sich eine Moral entwickelt, die dem Glück geradezu im Wege steht. Max Weber hat in seiner „protestantischen Ethik" darauf hingewiesen. Gerade im Protestantismus meinen viele: Es gilt etwas zu tun, etwas aufzubauen, zu sparen, genügsam zu sein, zu verzichten. Es scheint, als ob das Glück nicht heute sein darf, sondern erst irgendwann später: Im Ruhestand oder gar erst in der Ewigkeit.

Vielleicht geht es manchen unter uns mit der Suche nach dem Glück so wie vielen: Auch wir sind, wie alle Menschen, auf der Suche nach dem Glück. Doch in unserem Innersten sperren wir uns davor. Es ist, als lassen wir das Glück nicht zu. Und wenn wir dann einmal glücklich sind, dann quält uns ein schlechtes Gewissen, weil es anderen nicht so gut geht. Und mit einem schlechten Gewissen kann man nicht mehr unbeschwert glücklich sein.

Auf der Suche nach dem Glück kommt es also zunächst darauf an, den Fallen auszuweichen, die uns daran hindern, glücklich zu sein. Ich muss danach suchen, wo ich mich vor der Freude verschließe und wo ich Blockaden aufgebaut habe, die es mir erschweren, glücklich zu sein. Dann habe ich das Glück zwar noch nicht gefunden, aber ich beginne, mich für die innere Freude zu öffnen, ich werde bereit, sie zu empfangen.

Auf der Suche nach dem Glück werden wir merken, dass wir die Freude oder das innere Glück von uns aus nur schwer finden können. Freude wird uns ja vor allem geschenkt, wird uns zuteil. Vielleicht kann man sogar sagen, dass wir sie leichter finden, wenn wir gar nicht bewusst nach ihr suchen. Ich kann es mir ja nicht selbst verordnen, mich zu freuen oder glücklich zu sein.

Mit dem Glück verhält es sich geradezu paradox: Wir sind auf der Suche nach der Freude und doch können wir sie nicht greifen. Wir müssen empfänglich werden, müssen uns von der inwendigen Freude beglücken lassen. Und zugleich wissen wir, dass wir auch etwas für unser Glück tun können, zumindest indem wir unsere Barrieren abbauen. Oder, wie es die Schriftstellerin Mirjam Pressler nennt: „Wenn das Glück kommt, musst du ihm einen Stuhl hinstellen."

Aber auch in anderer Hinsicht verhält es sich mit dem Glück paradox: Wir meinen oft zu wissen, was wir zu unserem Glück brauchen. Und doch werden wir alle schon die Erfahrung gemacht haben, dass wir nicht glücklicher geworden sind, als wir dies erlangt haben. Der lang ersehnte Gegenstand, der Traumberuf, der Urlaub, auf den wir uns schon lange gefreut haben – letztlich liegt darin nicht unser Glück. Es kann manchmal geradezu umgekehrt sein: Wir werden nicht glücklich, wenn sich unsere Sehnsucht, unser Traum erfüllt hat. So kann der herbeigesehnte Geburtstag am Ende mit Tränen enden, ein Wiedersehen, auf das wir uns gefreut haben, kann uns enttäuschen und statt des Glücks stellt sich am Ende Trauer ein.

Dass Glück letztlich nicht mit dem äußeren Wohlergehen zusammenhängt, führt uns das Märchen von Hans im Glück vor Augen. Hans besitzt zu Beginn einen Schatz, den er für etwas eintauscht, das ihn glücklich macht. Nach und nach büßt er so seinen Reichtum ein. Und doch freut er sich seines Glücks, auch wenn er am Ende mit leeren Händen dasteht. Alles, was er im Laufe des Märchens in Händen hält, belastet ihn. Hans macht die Erfahrung, wie sehr es ihn beglückt, wenn er die Dinge loslässt, die ihn beschweren. Im Weggeben der Dinge, die ihn belasten, findet er sein Glück.

Auch der Bibeltext, den wir eben gelesen haben, zeigt, dass das Glück nicht im äußeren Wohlergehen liegen muss: Jesus preist in den Seligpreisungen die Menschen glücklich, die arm sind im Geiste oder die Leid tragen. Er nennt die glücklich, die nach Gerechtigkeit hungern und dürsten. Auf den ersten Blick wird uns das seltsam und geradezu paradox erscheinen, dass Jesus Menschen glücklich preist, obwohl sie arm sind und obwohl sie Leid tragen. Kann man denn glücklich sein, wenn man sich nach Gerechtigkeit sehnen muss, weil man offenbar im eigenen Leben unter Ungerechtigkeit leidet?

Mit den Worten der Seligpreisungen öffnet uns Jesus die Augen dafür, dass Glück unabhängig ist von Besitz oder Wohlergehen. Freude und Glück besitzen nicht nur die, die gesund sind oder die unter keinem Mangel leiden müssen. Darum kann Jesus die glücklich preisen, die sich arm nennen, die davon wissen, dass ihnen die wesentlichen Dinge ihres Lebens geschenkt werden müssen.

Aber er preist auch die glücklich, die barmherzig sein können, die den Frieden stiften wollen. Und damit wendet er unseren Blick weg von uns selbst. Und das ist wichtig bei unserer Suche nach dem Glück. Denn wenn wir nur auf unsere eigene Befindlichkeit schauen, werden wir letztlich das Glück kaum finden. Denn Glück geschieht oft in der Begegnung mit anderen. Wir erleben Glück, wo wir einem anderen eine Freude bereiten, wo wir etwas Gutes tun, wenn wir andere beschenken. Darum sind die glücklich, die Barmherzigkeit üben, die sich für Frieden einsetzen oder für mehr Gerechtigkeit.

Glück geschieht, wo wir uns in eine Aufgabe vertiefen, wo wir kreativ sein können, wo uns etwas gut von der Hand geht. Innere Freude wird uns geschenkt, wenn wir ein Ziel in Angriff nehmen, wenn wir eine Vision, einen Traum haben. Ohne danach zu suchen, werden wir dann vom Glück überrascht.

Am Ende ist es wichtig, dass die Suche nach dem Glück weitergeht, dass wir immer wieder danach suchen. So öffnen wir uns für das unerwartete Glück und machen uns bereit, ihm weniger aus dem Wege zu gehen. Und dann werden wir die Erfahrung machen, dass nicht nur wir nach dem Glück suchen, sondern das Glück auch auf der Suche ist nach uns. Vom Glück gefunden zu werden und sich von ihm finden lassen, das ist ein wahres Gottesgeschenk.

LIED
In dir ist Freude (EG 398)

FÜRBITTEN
1. Sprecher(in):
Herr, unser Gott, wir leben aus deiner Güte.
Du lässt uns teilhaben an deinem Reich,
lass uns darauf zugehen an diesem Tag und alle Tage unseres Lebens.
Nimm die Kleinlichkeit und Ängstlichkeit aus unserem Glauben,
nimm die Zweifel aus unseren Niederlagen
und die Verachtung aus unseren vertanen Möglichkeiten.
Lass dein Reich auch zu uns kommen,
damit wir in deiner Gegenwart zu uns selbst kommen.

Wir rufen: Herr, erbarme dich!
Die Gemeinde singt: Herr, erbarme dich (EG 178.10).

2. Sprecher(in):
Wir denken an die Frauen und Männer,
an die Jugendlichen und alten Menschen,
denen die Freude an sich und anderen genommen ist,
die sich nicht ausstehen können, weil niemand zu ihnen hält,
die sich abgeschrieben haben, weil niemand in ihren Augen liest,

die es sich nicht recht machen können, weil niemand
sie braucht.
Wir bitten dich, öffne ihnen die Augen,
dass sie das Glück sehen, das du ihnen schenkst.
Herr, du lässt auch sie teilhaben an deinem Reich.
Lass die Unmenschlichkeit ein Ende haben,
und zeige ihnen neuen Sinn in ihrem Leben.
Uns aber hilf, ihnen zu helfen.

Wir rufen: Herr, erbarme dich!
Die Gemeinde singt: Herr, erbarme dich (EG 178.10).

3. Sprecher(in):
Wir denken an die Frauen und Männer,
an die Kinder und alten Menschen,
die bedroht sind vom Krieg.
Schenke ihnen Hilfe in dieser ausweglos scheinenden Lage.
Ermutige die Mächtigen dieser Welt zum Frieden.
Wir denken daran, wie hilflos wir uns vorkommen
angesichts des drohenden Terrors und der Gewalt.
Und wir kommen zu dir mit unseren leeren Händen
und bitten dich um das Kommen deines Reiches,
in dem Frieden wohnt und Gerechtigkeit.

Wir rufen: Herr, erbarme dich!
Die Gemeinde singt: Herr, erbarme dich (EG 178.10).

STILLE

VATER UNSER

LIED
Der Himmel geht über allen auf (EG 594[46])

---

[46] EG 588 im Regionalteil der Ev.-Lutherischen Kirchen in Niedersachsen und der Bremischen Ev. Kirche. EG 611 im Regionalteil der Ev. Kirche im Rheinland, der Ev. Kirche von Westfalen und der Lippischen Lan-

SEGEN

MUSIK

VERTEILEN ROTER LUFTBALLONS[47]

---

deskirche sowie der Ev.-reformierten Kirchen in Bayern und Nordwestdeutschland und der Ev.-altreformierten Kirche in Niedersachsen. EG 562 im Regionalteil der Ev.-Lutherischen Kirchen in Bayern und Thüringen.

47 Durch das Verteilen der (aufgeblasenen) Luftballons soll auf die Freude hingewiesen werden, die immer nur geschenkt werden kann. Mit Helium gefüllte Luftballons stellen eine Verbindung dar zwischen der Erdenschwere, die manchmal den Weg zum Glück erschwert, und der Luft, die uns frei durchatmen lässt. Sie lassen manchen Erwachsenen wieder werden wie ein Kind, das sich unbeschwert freuen kann. Wer will, kann die Luftballons auch in den Himmel steigen lassen zusammen mit einer adressierten Glückskarte.

15 | *Sei Quelle und Brot in Wüstennot –* Meditativer Abendgottesdienst mit Abendmahl

MUSIK

BEGRÜSSUNG UND EINFÜHRUNG IN DAS THEMA
Im Namen des Vaters, der uns ins Dasein ruft,
im Namen des Sohnes, der uns zum Leben befreit
und im Namen des Heiligen Geistes,
der uns miteinander zu einer Gemeinschaft verbindet.

„Bewahre uns, Gott, behüte uns, Gott, sei mit uns auf unsern Wegen. Sei Quelle und Brot in Wüstennot, sei um uns mit deinem Segen."

Mit diesen Worten begrüße ich Sie herzlich zu diesem Gottesdienst am heutigen Abend. Sie sind einem Lied entnommen, das wir im Laufe dieses Abends singen werden und das uns zum Thema des Gottesdienstes wird.

Wir sind heute hier, um innerlich gestärkt zu werden,
um aus der Quelle zu schöpfen,
zu der jedes Wort aus dem Munde Gottes uns werden kann.
Wir wollen, dass unser Durst gelöscht werde,
dass die Wüstennot ein Ende habe und die Zeiten der Dürre.
Und wir wollen Gott bitten, bei uns zu sein,
wenn uns unser Weg mitten durch die Wüste führt,
durch leblose Steppe.
Denn auch wir kennen Wüstenzeiten, in denen alles leblos scheint,

und sich Düne auf Düne bis zum Horizont erstrecken.
Möge Gott uns stärken – heute während dieses Gottesdienstes,
aber auch in den Zeiten des Alltags, die vor uns liegen.

LIED
Abend ward, bald kommt die Nacht (EG 487)

PSALM 9
Danken will ich dir, Gott,
von ganzem Herzen
und mit meinen Lippen bekennen,
dass du Wunder tust.
Voll Freude lobe ich dich,
denn meine Feinde ließest du zurückweichen,
du hemmtest ihre Schritte,
darum will ich deinen Namen preisen.
Du stößt die Starken herunter, dass sie stürzen
und begrenzt die Zeit der Mächtigen.
Du aber bleibst ewig
und dein Thron hat immerfort Bestand.
Du wirst über den Erdkreis gerechtes Urteil sprechen
und die Völker mit Güte regieren.
Du bietest den Armen Schutz
und bist ihnen Schirm in den Zeiten der Not.
Darum hoffen sie auf dich
und rühmen deinen Namen.
Sei auch mir gnädig, mein Gott,
und errette mich aus des Todes Pforte,
damit ich deine Taten rühmen
und von deiner Hilfe erzählen kann.
Danken will ich dir, Gott,
von ganzem Herzen
und mit meinen Lippen bekennen,
dass du Wunder tust.

LIEDRUF
Laudate omnes gentes (EG 181.6)

KYRIE
> Oft erkennen wir Gottes bewahrendes Handeln nicht
> in unserem Leben und in unserer Welt.
> Wir fragen uns: Wo ist Gott?
> Wie kann er zulassen, was geschieht,
> was wir erdulden müssen.
> Das Fragen treibt uns um,
> wir werden traurig und manchmal auch verbittert.
> Wir brauchen schärfere Augen,
> um Gottes Spuren zu sehen,
> um zu erkennen, dass er bei uns ist auch in den
> Wüstenzeiten des Lebens.
> Damit Gott uns geschärfte Augen schenkt,
> bitten wir ihn um sein Erbarmen und singen:
>
> LIEDRUF
> Kyrie, Kyrie eleison (EG 178.12)

GLORIA
> Gott lässt uns manchmal im Rückblick erkennen,
> wie er uns bewahrt hat in unserem Leben
> und behütet vor der Gefahr.
> Dann können wir voller Dankbarkeit sehen,
> dass wir geführt worden sind,
> dass Gott uns trug, wo unsere Schritte
> zu straucheln drohten.
> Im Vertrauen darauf, dass Gott uns begleitet,
> wohin unser Weg auch geht,
> loben wir ihn und singen:
>
> LIEDRUF
> Gloria, gloria in excelsis Deo (EG 566[48])

---

48 EG 572 im Regionalteil der Ev. Landeskirche in Württemberg.

GEBET
> Herr, unser Gott, wir wissen,
> dass unsere Wege immer wieder durch dunkle Täler verlaufen
> und durch die Wüste führen.
> Aber du lässt uns nicht allein,
> sondern gehst mit uns.
> Wir danken dir, dass du uns begleitest auf Schritt und Tritt.
> Öffne uns in dieser Stunde die Augen,
> dass wir deine Spuren entdecken,
> die unser Leben und unsere Welt durchziehen.

SCHRIFTLESUNG (1. Könige 19,1–13a)

Als der Königin Isebel angesagt worden war, dass Elia alle ihre Baals-Propheten mit dem Schwert umgebracht hatte, sandte sie einen Boten zu ihm und ließ ihm sagen: „Die Götter sollen mir dies und das tun, wenn ich nicht an dir vergelte, was du diesen getan hast!"

Da erschrak Elia zu Tode, brach sofort auf, um sein Leben zu retten und kam nach Beerscheba im Südreich. Dort ließ er seinen Diener zurück und ging allein weiter bis in die Wüste. Dann setzte er sich unter einen Strauch und wünschte zu sterben. Und er rief zu Gott in seiner Not: „Es ist genug, so nimm nun, Herr, meine Seele, ich bin nicht besser als meine Väter!"

Und vor Erschöpfung legte er sich hin und schlief ein. Da kam ein Engel und rührte ihn an und sprach: „Steh auf und iss!" Als Elia aufstand, sah er ein geröstetes Brot und einen Krug mit Wasser. Da aß und trank er und legte sich erneut schlafen. Da kam der Engel Gottes wieder und rührte ihn an und sprach: „Steh auf und iss! Denn du hast einen weiten Weg vor dir. Da stand Elia auf und aß und trank und ging so gestärkt vierzig Tage und vierzig Nächte bis zum Berg Gottes, dem Horeb. Und als er dort in einer Höhle übernachtete, da sprach Gott zu ihm: „Was machst du hier, Elia?"

Da entgegnete Elia empört: „Ich habe für dich gewütet, als Israel deinen Bund verlassen und deine Altäre zerbrochen hatte. Als deine Propheten getötet wurden, bin ich allein übrig geblieben, doch nun trachten sie auch danach, dass sie mir mein Leben rauben."

Da sprach Gott zu Elia: „Geh heraus aus der Höhle und steige auf den Berg! Dort werde ich vor dir vorübergehen." Und sofort kam ein starker Sturm, der die Berge zerriss und die Felsen zerbrach, aber Gott war nicht im Sturm. Danach kam ein Erdbeben, aber Gott war nicht im Erdbeben. Und nach dem Erdbeben kam ein Feuer, aber Gott war auch nicht im Feuer. Doch dann kam ein stilles, sanftes Sausen. Als das Elia hörte, verhüllte er sein Antlitz mit seinem Mantel und ging hinaus und trat in den Eingang der Höhle, denn Gott war in der Stille.

LIED

Ich lobe meinen Gott, der aus der Tiefe mich holt, damit ich lebe (EG 638[49])

ANSPRACHE

„Ich bin allein übrig geblieben", solche oder ähnliche Worte kommen uns gelegentlich über die Lippen oder wir denken sie in unserem Herzen. Wenn wir uns in einer Krise befinden, wenn wir uns allein gelassen fühlen, wenn uns keiner zu verstehen scheint. Wenn wir schlecht behandelt werden, und niemand einen Finger

---

[49] EG 585 im Regionalteil der Ev.-Lutherischen Kirchen in Niedersachsen und der Bremischen Ev. Kirche. EG 673 im Regionalteil der Ev. Kirche im Rheinland, der Ev. Kirche von Westfalen und der Lippischen Landeskirche sowie der Ev.-reformierten Kirchen in Bayern und Nordwestdeutschland und der Ev.-altreformierten Kirche in Niedersachsen. EG 615 im Regionalteil der Ev.-Lutherischen Kirchen in Bayern und Thüringen. EG 611 im Regionalteil der Ev. Landeskirche in Württemberg. EG 628 im Regionalteil der Ev. Landeskirche in Baden und der Ev. Kirche der Pfalz.

krümmt, um uns zu helfen, dann hadern wir mit unserem Schicksal oder mit Gott: „Ich bin allein übrig geblieben!"

Uns geht es dann wie dem Propheten Elia. Auch er fühlt sich allein gelassen – nicht nur von Menschen, sondern auch von Gott. Er muss in Todesangst aus seiner Heimat fliehen, muss alles zurück lassen, was ihm lieb und wert ist. Die Königin Isebel bedroht ihn, will ihn töten lassen. Elia fühlt sich ohnmächtig der staatlichen Willkür ausgesetzt. Und niemand scheint ihm zur Seite zu stehen.

Aber gehen wir doch der Eliageschichte im Einzelnen nach: Elia ist ein strenger Prophet, der die Einzigartigkeit Gottes verkündet und alle verurteilt, die neben Jahwe noch andere Götter verehren. Höhepunkt seines Wirkens war vor wenigen Tagen die Götterwette auf dem Karmel, als er eindrucksvoll die Ohnmacht des heidnischen Gottes Baal beweisen und zugleich die Kraft des einzigen Gottes zeigen konnte. Aber wie das so häufig ist nach den großen Höhepunkten des Lebens, wenig später fällt Elia in ein tiefes Loch, fühlt sich ausgebrannt und verbraucht. Der mutige Prophet gerät in Panik, als er davon hört, dass die Königin Isebel ihm nach dem Leben trachtet. Eben noch trotzte Elia einer ganzen Horde ihrer Baalspriester. Jetzt lässt ihn diese Nachricht erzittern. Eben noch konnte Elia die Wirksamkeit Gottes beweisen. Doch heute kommen ihm tiefe Zweifel, ob Gott seine Hand weiterhin schützend über ihm halten, ihn bewahren und behüten kann.

Ausgebrannt, wie Elia sich fühlt, zieht es ihn in die leblose Wüste. Die dortige Ödnis ist wie ein Spiegel seiner Seele. Und wie das in den Wüstenzeiten des Lebens so ist: Elia meint, niemand könne ihm helfen, niemand könne ihn verstehen. Seinen letzten Begleiter, seinen Diener, lässt er zurück. Er kann keinen Menschen um sich haben. Jedes Wort, das er hört, ist zuviel. Er will nur noch allein sein.

Elia fühlt sich matt, ist an Leib und Seele erschöpft; am liebsten will er nur noch schlafen und nicht mehr aufwachen: „Es ist genug, nimm nun, Herr, meine Seele; ich bin nicht besser als meine Väter". Mit diesen Worten legt er sich hin und schläft ein, so wie das Menschen häufig tun, die sich in den Tretmühlen des Alltags immer mehr verbraucht haben.

Doch Gott lässt Elia nicht allein, er sendet einen Engel zu ihm, der ihm Brot und Wasser bringt und den Ermatteten ermutigt: „Steh auf und iss!". Elia tut, wie ihm geheißen, isst das Brot und trinkt das Wasser und legt sich wieder hin. Ein zweites Mal kommt der Engel, bringt wieder Brot und Wasser und spricht: „Steh auf und iss, denn du hast noch einen weiten Weg vor dir!" Der Schlaf erweist bald seinen Dienst an Elia. Sein Leib wird gestärkt und seine Seele kommt zur Ruhe. Dem Boten Gottes gelingt es, Elia aus seinem Loch zu befreien und ihm wieder eine Perspektive zu geben: „Gott hat noch etwas vor mit dir in deinem Leben! Dein Weg ist noch nicht zu Ende!" Gott lässt Elia nicht allein in der Wüste. Er behütet und bewahrt ihn, indem er einen Engel, einen Boten zu ihm sendet, der ihm zu essen und zu trinken gibt.

Das macht Mut, dass Gott auch uns begleitet, wenn uns unsere Schritte durch die Wüste führen. Vielleicht sendet er auch uns einen Engel, der uns hilft, wieder neue Perspektiven zu gewinnen. Vielleicht fällt es uns gerade in der Krise schwer, diese göttlichen Boten zu sehen und wir erkennen sie erst im Rückblick. Lassen Sie uns nach diesen Engeln Ausschau halten, mit deren Hilfe Gott uns behütet und bewahrt.

Elia kann – durch den Schlaf und das Essen gestärkt – den Weg gehen, den ihm der Engel weist. Auf einmal hat er wieder Kraft, vierzig Tage und vierzig Nächte durch die Wüste zu ziehen. Es scheint, als habe sich Elia, der strenge Prophet Gottes, auf den Weg gemacht, Gott neu zu suchen – ausgerechnet der Elia, der doch so genau weiß, wie man Gott verehrt. Doch in der Krise muss er lernen, dass die alten Wahrheiten nicht mehr tragen. Bitter sagt er zu Gott: „Ich bin nicht besser als meine Väter – ich kann gar nichts bewegen, niemanden überzeugen. Das, was ich den Vätern zum Vorwurf mache, gilt auch für mich selbst: mein Leben ist leer und fruchtlos." „Ich eiferte für dich, Gott, weil die Kinder Israels deinen Bund verlassen, deine Altäre zerstört und deine Propheten mit dem Schwert getötet haben. Ich allein bin übrig geblieben, doch nun trachten sie auch mir nach dem Leben!" Unausgesprochen schwingt der Vorwurf mit, dass der Einsatz sich nicht gelohnt habe und dass der Eifer des Gotteskämpfers umsonst gewesen sei: „Ich allein bin übrig geblieben – außer mir gibt es keinen, der dir, Gott, treu geblieben ist."

Doch Gott will nicht mit Elia streiten. Stattdessen zeigt er Elia, dass er ganz anders ist, als dieser glaubt. Er ist eben nicht im starken Sturm, der die Berge zerreißt und die Felsen sprengt. Er ist auch nicht im Erdbeben oder im gewaltigen Feuer. Elia erkennt Gott in dem leisen, sanften Säuseln. Gottes Hilfe ist eben nicht immer so spektakulär, wie wir uns das wünschen. Er hilft nicht nur dadurch, dass er Wunder tut oder Heilung schenkt. Unsere Hoffnung sagt uns ja nicht, dass wir vor allem Leid bewahrt werden. Aber sie sagt uns, dass Gott mit uns ist mitten im Leid, ganz leise und manchmal fast verborgen.

Gott ist nicht im Sturm, im Erdbeben oder Feuer. Erst als Elia ein sanftes Säuseln vernimmt, da verhüllt er sein Haupt, als Zeichen, dass er hier dem Wesen Gottes ganz nahe ist. Gottes bewahrendes Handeln, das begreift er jetzt, ist viel unauffälliger und leiser, als wir oft vermuten. Deshalb ist es auch so schwer zu entdecken in unserer lauten Welt.

LIED
    Bewahre uns, Gott, behüte uns, Gott (EG 171)

FÜRBITTEN

1. Sprecher(in):
Himmlischer Vater,
du sendest uns deine Boten,
um uns zu behüten in allen Gefahren.
Wir trauen auf dich;
du wirst uns nicht dem Tode überlassen
und bewahrst uns vor den Gewalten der Finsternis,
dass sie nicht Leib und Seele verderben.

Wir rufen und singen: Herr, erbarme dich!
Die Gemeinde singt: Herr, erbarme dich (EG 178.10).

2. Sprecher(in):
Wir danken dir
für deine guten Mächte, die Engel,
für Wege und Möglichkeiten, die sie uns zeigen.
Wir danken dir für Menschen,
die uns zum Engel geworden sind,
die uns Mut machen und begleiten.
Daran wollen wir denken,
wenn wir allein sind und nicht weiter wissen:
Du bist stärker als alles, was uns Angst macht.
Deshalb können wir uns darauf verlassen,
dass du bei uns bist, wohin uns unsere Füße tragen.

Wir rufen und singen: Herr, erbarme dich!
Die Gemeinde singt: Herr, erbarme dich (EG 178.10).

1. Sprecher(in):
Wir bitten dich:
Mach unsere Herzen weit,
dass wir deine Stimme hören,
und deinem Wort trauen.
Tröste uns in unserer Not und Anfechtung,
sei bei uns, wenn wir uns zurückziehen,
wenn wir uns allein gelassen fühlen.

Wir rufen und singen: Herr, erbarme dich!
Die Gemeinde singt: Herr, erbarme dich (EG 178.10).

2. Sprecher(in):
Wir bitten dich:
Erlöse uns aus den Zwängen des Lebens,
mach uns stark und fest,
dass wir die Aufgaben bewältigen,
die vor uns liegen.
Und erfülle einst an uns deine Verheißung,
dass wir zum ewigen Leben gelangen.

Wir rufen und singen: Herr, erbarme dich!
Die Gemeinde singt: Herr, erbarme dich (EG 178.10).

LOBGEBET
(Liturg nimmt die gefüllte Brotschale und später den Weinkelch in die Hand)

Wir loben dich Gott, du Schöpfer allen Lebens.
Du stärkst uns mit diesem Brot, mit der Frucht der Erde.
Lass es uns zum Brot des Lebens werden.

Und du schenkst uns diesen Wein,
erquickst uns mit der Frucht des Weinstocks.
Lass ihn uns zum Kelch des Heils werden.

EINSETZUNGSWORTE

VATER UNSER

AGNUS DEI (EG 190.2)

FRIEDENSGRUSS

AUSTEILUNG

DANKGEBET
   Wir danken dir, gütiger Gott:
   Du lädst uns ein an deinen Tisch
   und stärkst uns mitten in den Wüstenzeiten
   des Lebens.
   Du schenkst uns das Brot des Lebens
   und den Trank des Heils.
   Wir bitten dich, lass uns durch die Gaben
   deiner Güte gestärkt,
   auf neuen Wegen wandeln.

LIED
   Erneure mich, o ewigs Licht (EG 390)

SEGEN

16 | *Segenskräfte –* Meditativer Segnungsgottesdienst

MUSIK

BEGRÜSSUNG UND EINFÜHRUNG IN DAS THEMA
Im Namen des Vaters, der uns geschaffen hat,
im Namen des Sohnes, der uns zum Leben befreit,
und im Namen des Heiligen Geistes, der unser Tun
und Lassen gelingen lässt.

Für viele Menschen, die an einem Gottesdienst teilnehmen, hat der Segen, der ihnen am Ende zugesprochen wird, eine besondere Bedeutung. Sie wollen als von Gott Gesegnete zurückkehren in den Alltag, wollen die neue Woche mit dem Segen Gottes beginnen.

Was aber bedeutet es, gesegnet zu sein und anderen zum Segen zu werden?
Segen ist wie ein Regen, der trockenes Land befeuchtet, der Leben ermöglicht, Wachstum und Gedeihen.
Segen ist wie ein Bad in einem kühlen See, das graue Gedanken vertreibt und die Seele erquickt.
Segen ist wie ein Schluck Wasser an einem heißen Tag, der die Glieder erfrischt und neue Kraft schenkt.
Segen ist wie ein Licht, das dunkle Schatten vertreibt und blockierende Ängste löst.
Segen ist wie eine Energiequelle, die innere Stärke schenkt und Verzagende ermutigt.
Segen ist wie ein durch Wind geblähtes Segel, das Versuche glücken und Werke gelingen lässt.
Gott spricht zu einem jeden von uns: „Ich will dich segnen und du sollst ein Segen sein".

KANON
   Ausgang und Eingang (EG 175)

PSALM 1[50]
   Gesegnet sind alle,
   die der Macht Gottes trauen
   und nicht erstarren
   in errechneten Wahrheiten
   und vordergründigen Sicherheiten.

   Gesegnet sind alle,
   die aus der Macht Gottes leben
   bei Tag und bei Nacht
   und einstehen für alles,
   was sich bewegt.

   Gesegnet sind alle,
   die nach der Macht Gottes suchen
   und nicht zufrieden sind
   mit Brot und Spielen allein.

   Gesegnet sind sie wie ein Baum,
   der am Wasser gepflanzt ist
   und dessen Wurzel
   fest in die feuchte Erde reicht.

   Gesegnet sind sie wie ein Baum,
   dessen Zweige sich
   in den Himmel strecken,
   dessen Blätter nicht verwelken
   und der Frucht bringt zur rechten Zeit.

   Weil Gott uns segnen will,
   wollen wir ihn mit allen Völkern loben:
   Laudate omnes gentes, lobt Gott ihr Völker alle!

   LIEDRUF
   Laudate omnes gentes (EG 181.6)

---

50 Nach Gottesdienst in gerechter Sprache, Bd. 3, 15.

Kyrie
Der Liturg nimmt einen Stein in die Hand.
Der Segen Gottes soll uns begleiten auf unseren Wegen.
Gottes Segen soll uns Kraft geben zum Leben,
uns stark und vital sein lassen
und zugleich offen und sensibel.
Und doch scheint manchmal der Segen auszubleiben.
Steine lasten auf unserer Seele und bedrücken uns,
schwächen die Lebenskraft, die Freude und unsere
Hoffnung.
Darum bitten wir Gott um sein Erbarmen und singen:
Kyrie eleison, Herr, erbarme dich.

Liedruf
Kyrie eleison (EG 178.9).

Gloria (Matthäus 5,3–10)
Der Liturg gießt nach jeder Seligpreisung aus einer Kanne Wasser in eine Schale.

Gesegnet sind die, die arm sind vor Gott,
denn ihnen gehört das Himmelreich.
Gesegnet sind, die Leid tragen,
denn sie sollen getröstet werden.
Gesegnet sind die Geduldigen,
denn sie werden die Erde besitzen.
Gesegnet sind, die nach Gerechtigkeit hungern
und dürsten,
denn sie sollen satt werden.
Gesegnet sind die Barmherzigen,
denn sie werden Barmherzigkeit empfangen.
Gesegnet sind, die reinen Herzens sind,
denn sie werden Gott schauen.
Gesegnet sind die Friedensstifter,
denn sie werden Gottes Kinder genannt werden.
Gesegnet sind, die um der Gerechtigkeit willen verfolgt
werden,
denn ihnen gehört das Himmelreich.

Weil uns der Segen Gottes auch im Leid gilt,
loben wir Gott und singen: Gloria in excelsis Deo,
Ehre sei Gott in der Höhe

LIEDRUF
Gloria, gloria in excelsis Deo (EG 566[51])

SCHRIFTLESUNG (Genesis 32,23–30)
Und Jakob stand mitten in der Nacht auf und nahm seine beiden Frauen und die beiden Mägde und seine elf Söhne und zog an die Furt des Flusses Jabbok, überquerte sie mit den Seinen, blieb aber allein zurück. Da rang ein Mann mit ihm bis zum Morgengrauen. Und als dieser sah, dass er Jakob nicht überwinden konnte, schlug er ihn auf das Gelenk seiner Hüfte, dass sie ausgerenkt wurde.

Und der Mann rief: „Lass mich los, denn die Morgenröte bricht an." Aber Jakob antwortete: „Ich lasse dich nicht, es sei denn, du segnest mich."

Und er fragte ihn: „Wie heißest du?", und er antwortete: „Jakob."

„Du sollst von nun an nicht mehr Jakob heißen", antwortete der Mann, „sondern Israel, weil du mit Gott und mit Menschen gekämpft und gewonnen hast."

Da fragte Jakob: „Wie lautet dein Name?" Er aber sprach: „Warum fragst du, wie ich heiße?" Und statt zu antworten, segnete er ihn.

STILLE

ANSPRACHE
Jakob ist auf dem Weg zurück in seine alte Heimat. Als erwachsener und erfolgreicher Mann kehrt er zurück zur Stätte seiner Kindheit und Jugend. Was würde ihm dort begegnen? Wer von den Menschen lebte noch, die er vor etlichen Jahren verlassen hatte? Vieles hatte sich

---

51 EG 572 im Regionalteil der Ev. Landeskirche in Württemberg.

seit damals verändert. Vor allem er selbst war ein anderer geworden. Als er vor vielen Jahren aus seiner Heimat floh, hatte er sich den Segen seines Vaters ergaunert. Er hatte dem sterbenskranken Vater vorgespielt, er wäre nicht Jakob, sondern der erstgeborene Esau. Er hatte sich den Erstgeborenensegen erschlichen und seinen Bruder darum betrogen.

Und doch hatte der Segen seine Wirkung getan, denn Jakob war inzwischen von Gott gesegnet worden. Gott hatte ihn begleitet, wohin er auch gegangen war und er gab Segen zu allem, was Jakob tat. Ganz äußerlich war Jakob mit Reichtum gesegnet worden, aber auch indem er mit einer Familie beschenkt wurde, mit Liebe, mit Kindern.

Wie sehr Jakob gesegnet worden war, zeigt sich gerade jetzt bei seinem Weg in die Heimat. War er damals voller Angst geflohen, allein und hilflos, so kehrt er nun als wohlhabender Familienvater zurück. War er damals als Flüchtling bei seinem Onkel Laban erschienen, so ist er nun in die Familie integriert. War er bisher ein Betrüger gewesen, so besitzt er nun die Erfahrung, dass Gott ihm Segen zuteil werden lässt und er sich nicht mehr alles ergaunern muss.

Und doch ist die Rückkehr in die Heimat nicht leicht – wie würde ihm Esau begegnen, den er um den Erstgeburtssegen betrogen hatte? Es muss Jakob schwer gefallen sein, den Grenzfluss Jabbok zu überqueren, um auf der anderen Seite mit dem einst betrogenen Bruder zusammen zu kommen. Er kann nicht einfach mit seiner Familie durch die Furt ziehen. Er muss diese Grenze allein überwinden. Niemand kann ihm diese Entscheidung, diesen notwendigen Schritt abnehmen. Jakob muss den entscheidenden Teil des Weges in die Heimat, in die dunkle Vergangenheit allein gehen, so wie auch wir manche Wege letztlich allein gehen müssen.

Als sich Jakob endlich entschließt, den Fluss zu überqueren, da wird er irgendwie daran gehindert. Er kann nicht weiter, wird mitten im Wasser festgehalten – ist es der Gedanke an seine frühere Schuld, der ihn hindert, den Weg in die Heimat fortzusetzen? Wer oder was Jakob auch zurückhält, er begegnet in seinem Gegenüber Gott. Wer oder was Jakob auch zurückhält, er wird in der Auseinandersetzung damit ein anderer Mensch, mit einer neuen Identität, einem neuem Namen.

Der Kampf zwischen Jakob und seinem Gegenüber dauert lange. Jakob will sich nicht unterkriegen lassen, bis zum Morgen kämpft er mit Gott oder mit seinem Inneren, das ihm zum Gegenüber geworden ist. Und als Jakob endlich sein Ziel erreicht, als der Weg für ihn frei wird, da lässt er sein Gegenüber nicht los, sondern bittet um den Segen: „Ich lasse dich nicht, es sei denn, du segnest mich."

Es ist ganz erstaunlich, dass Jakob sein Gegenüber nicht loslässt, als der ihm den Weg frei machen will. Er kämpft diesen Kampf doch nur, weil er auf die andere Seite des Flusses gelangen will. Aber nun ist es ihm zu wenig, diesen seinen Willen durchzusetzen. Nun will er mehr, er will gesegnet werden und als Gesegneter hinübergelangen, auf die andere Seite des Flusses.

Jakob ringt so lange, bis ihn sein Gegenüber endlich segnet und ihn zugleich verletzt. Auch wenn Jakob während des Kampfes eine Wunde erhält, geht er doch gesegnet über den Grenzfluss. Äußere und innere Auseinandersetzungen oder auch Krisen kosten stets Kraft oder fügen uns Verletzungen zu. Und doch ist es gut, wenn wir nicht so schnell wie möglich aus diesen Krisen loszukommen suchen, sondern sie wie Jakob festhalten, bis sie uns zum Segen werden. Es ist oft hilfreich, wenn wir die Frage stellen, ob uns eine Erkrankung etwas sagen will, ob sie uns zum Umdenken oder zu einer neuen Lebenseinstellung bewegen will. Dann gehen wir gesegnet aus einer Krankheit, einer Krise, einem Streit oder einem inneren Ringen hervor. Dann brauchen wir nicht mehr zu hadern mit unserem

Schicksal, sondern können unser Leben verstehen als Weg, den Gott uns führt und auf dem er uns mit seinem Segen auch und gerade in den schweren Zeiten umgibt. Nicht umsonst segnen wir uns mit dem Zeichen des Kreuzes, dem Zeichen des Leides. Das Schwere kann uns am Ende auf geheimnisvolle Weise zum Segen werden.

KANON
Der Herr denkt an uns[52]

FÜRBITTEN
1. Sprecher(in):
Gott, du Quelle des Lebens,
du willst uns segnen
und unser Leben mit deiner Segenskraft erfüllen.
Dafür danken wir dir.
Wir bitten dich,
dass du uns für andere zum Segen werden lässt.

Wir rufen: Kyrie eleison!
Die Gemeinde singt: Kyrie, Kyrie eleison (EG 178.12).

2. Sprecher(in):
Gott, du Quelle des Lebens,
wir bitten dich für alle Menschen,
die nicht aus noch ein wissen in ihrer Not
und die deinen Segen nicht wahrnehmen können
in ihrem Leben.

Wir rufen: Kyrie eleison!
Die Gemeinde singt: Kyrie, Kyrie eleison (EG 178.12).

1. Sprecher(in):
Gott, du Quelle des Lebens,
wir bitten dich für alle,
die betroffen sind von Krankheit und Leid,

---

52 Feiern und Loben, 47.

dass sie nicht verbittern wegen ihres Schicksals,
sondern darin einen Sinn finden.

Wir rufen: Kyrie eleison!
Die Gemeinde singt: Kyrie, Kyrie eleison (EG 178.12).

2. Sprecher(in):
Gott, du Quelle des Lebens,
wir bitten dich für die Trauernden,
die einen geliebten Menschen verloren haben,
dass sie sich nicht in ihrer Trauer vergraben,
sondern wieder auf den Weg des Lebens zurückkehren.

Wir rufen: Kyrie eleison!
Die Gemeinde singt: Kyrie, Kyrie eleison (EG 178.12).

1. Sprecher(in):
Gott, du Quelle des Lebens,
wir bitten dich für uns,
wenn wir darum hadern,
dass es uns nicht so gut geht wie anderen.
Hilf uns heraus aus unserer Bitterkeit
und öffne unseren Blick für die Not in dieser Welt.

Wir rufen: Kyrie eleison!
Die Gemeinde singt: Kyrie, Kyrie eleison (EG 178.12).

STILLE

VATER UNSER

LIED
    Möge die Straße uns zusammenführen[53]

EINZELSEGEN AM AUSGANG

MUSIK

---

53 Das Liederbuch, 89.

Anhang

Anlage 1:

Im sechsten Monat
der Engel Gabriel
von Gott gesandt
in eine Stadt in Galiläa, die heißt Nazareth,
zu einer Jungfrau
die vertraut war einem Mann
Josef vom Hause David
und die Jungfrau hieß Maria.
Und der Engel kam zu ihr hinein und sprach:

Sei gegrüßt
du Begnadete!
Der Herr ist mit dir!

Maria erschrak
Maria dachte: Welch ein Gruß ist das?

Und der Engel sprach zu ihr:
Fürchte dich nicht, Maria!
Du hast Gnade bei Gott gefunden.
Siehe, du wirst schwanger werden
und einen Sohn gebären,
du sollst ihm den Namen Jesus geben.
Der wird groß sein und Sohn des Höchsten
genannt werden
und Gott der Herr wird ihm den Thron seines
Vaters David geben,
Er wird König sein über das Haus Jakob in
Ewigkeit
Sein Reich wird kein Ende haben.

Da sprach Maria zu dem Engel:
Wie soll das zugehen, da ich doch von keinem Mann weiß?

Der Engel antwortete und sprach zu ihr:
Der heilige Geist wird über dich kommen,
die Kraft des Höchsten wird dich überschatten;
darum wird auch das Heilige, das geboren wird,
Gottes Sohn genannt werden.
Und siehe, Elisabeth, deine Verwandte, ist auch schwanger mit einem Sohn, in ihrem Alter, und ist jetzt im sechsten Monat, von der man sagt, dass sie unfruchtbar sei.
Denn bei Gott ist kein Ding unmöglich.

Maria sprach: Siehe, ich bin des Herrn Magd; mir geschehe, wie du gesagt hast.

Und der Engel schied von ihr.

Literatur

Agende I der Evangelischen Kirche von Kurhessen-Waldeck: Die Gottesdienste an Sonn- und Feiertagen, Kassel 1996.
Bonhoeffer, Dietrich: Widerstand und Ergebung, München ¹³1985.
Das Liederbuch. Lieder zwischen Himmel und Erde, Düsseldorf ²2007.
Der Gottesdienst. Liturgische Texte in gerechter Sprache, Bd. 3: Die Psalmen, hg. von Erhard Domay und Hanne Köhler, Gütersloh 1998.
Evangelisches Gesangbuch. Ausgabe für die Evangelische Kirche von Kurhessen-Waldeck, Kassel 1994.
Evangelisches Gesangbuch. Ausgabe für die Evangelisch-Lutherischen Kirchen in Bayern und Thüringen, München/Weimar o. J.
Feiern und Loben. Die Gemeindelieder, Kassel 2003.
Menschenskinderlieder 1, Frankfurt ¹³1992.
Menschenskinderlieder 2, Frankfurt 2001.
Roos, Klaus: Geh deinen Weg und sei ganz. Impulse für ein christliches Leben, Mainz ²1995.
Singt zu Gottes Ehre, Wuppertal 1985.
Wolff, Uwe (Hg.): Das große Buch der Engel, Freiburg/Basel/Wien 2002.

Wenn Sie weiterlesen möchten

Stephan Goldschmidt
Gottesdienste mit Symbolen II

Symbole haben Hochkonjunktur. Sie machen anschaulich, was Gegenstand unserer Gottesdienste ist: Die Wirklichkeit Gottes und die Tiefendimensionen des Glaubens, Hoffens und Liebens. Goldschmidts Modelle lassen sich direkt einsetzen oder zu Bausteinen machen in Gottesdiensten für Kinder, Erwachsene oder Senioren.

Je ein Symbol zieht sich wie ein roter Faden durch Gebete, Lieder und Meditationen, durch Predigt und Ansprache. Angeboten werden neue Gottesdienste zu klassischen Symbolen wie dem Hirten oder Krippe und Stall, aber ebenso zu neuartigen Symbolen wie der Maske, dem Auge oder dem Nest.

Stephan Goldschmidt
Gottesdienste mit Symbolen

Den zwölf hier vorgestellten Gottesdienstmodellen liegt jeweils ein Symbol zugrunde, das auch in den Gebeten, Meditationen, Liedern, Texten und Ansprachen thematisiert wird. Goldschmidts Sprache ist sowohl zeitgemäß als auch in der christlichen Tradition verankert. Alle zwölf Entwürfe haben einen besinnlichen und meditativen Charakter, der die Aufmerksamkeit der Lesenden und Hörenden von Anfang an zu fesseln versteht.

Die Entwürfe eignen sich als Grundlage für Gottesdienste und Andachten. Sie können als Ganzes übernommen, aber auch als einzelne Bausteine verwendet werden und unterstützen sowohl den Pfarrer und die Pfarrerin als auch ein Team bei der Vorbereitung von Andacht oder Gottesdienst.

Dienst am Wort
Die Reihe für
Gottesdienst und Gemeindearbeit

Band 120: Dieter Kindler
**Gottesdienste
unter freiem Himmel**
Von der Sehnsucht nach dem
Paradies
2009. 120 Seiten, kartoniert
ISBN 978-3-525-59529-9

Diese ökumenischen Gottesdienste schaffen die Möglichkeit, Naturerfahrungen in der Feier unmittelbar zu erleben. Gottesdienste im Freien sprechen alle Sinne an.

Band 121: Gabriele Persch
**Gottesdienste mit
Jugendlichen**
2009. 127 Seiten, kartoniert
ISBN 978-3-525-59530-5

Mit ihren Gottesdienstentwürfen folgt Gabriele Persch dem Konzept, Jugendgottesdienste als wesentlichen Teil des Gemeindeaufbaus zu verstehen. Ihre Konzepte zeigen Möglichkeiten, Jugendliche von Anfang an zu beteiligen.

Vandenhoeck & Ruprecht

Gottesdienste gestalten   V&R

Andrea Elisabeth Diederich
Evangelische Exerzitien
Anleitung – Bausteine –
Anwendung
2009. 248 Seiten mit Musik-CD,
kartoniert
ISBN 978-3-525-69201-1

Andrea Diederich erklärt
das Wesen von Exerzitien
theologisch fundiert. Ihr
praxisbewährtes Werkbuch
mit Musik-CD hilft dem interessierten Seelsorger oder
geistlichen Begleiter, Exerzitien selbst durchzuführen.

**Die Feier der
Evangelischen Messe**

Herausgegeben im Auftrag der
Evangelischen Michaelsbruderschaft von Ralf-Dieter Gregorius
und Peter Schwarz und mit
einem Geleitwort von Landesbischof Dr. Ulrich Fischer.
2009. 608 Seiten mit 4 Lesebändchen, gebunden
ISBN 978-3-525-57150-7

Ausgehend vom Normalfall
Gottesdienst arbeitet das
Buch mit einem bewährten
Repertoire deutscher Gregorianik und schlichter
Gebetssprache, die Raum
lassen will für Gestus,
Symbol und Ritual.

Vandenhoeck & Ruprecht